# 入門 社債のすべて

[発行プロセスから分析・投資手法と倒産時の対応まで]

The Complete Guide to Corporate Bonds

土屋剛俊　みずほ証券金融市場本部
シニアエグゼクティブ

ダイヤモンド社

# はじめに

　社債は、今や発行残高が60兆円を超える金融商品です。従来は、生命保険会社や信託銀行など機関投資家向けに発行されることが多かったのですが、個人向け社債の発行額が過去10年で約5倍に増えています。実際、マイナス金利の影響もあり個人投資家からの関心も高まってきました。
　このため、社債を販売する証券会社や窓口販売する銀行、投資信託への組み入れや、401k（確定拠出年金）など個人が運用方針を決める年金、社債の知識を必要とする層はさらに増加しています。そのマーケットサイズに比較して、社債に関する入門書が少ないなか、本書は決定版となる1冊をめざしてまとめました。

　本書の目的は、大きく2つあります。
　ひとつは社債という商品を理解するうえで必要となる基本的な知識を提供すること。もうひとつは、社債の「信用リスク」を投資の対象にして利益を上げるために、必要な知識を提供することです。
　おそらく社債など債券の入門書というと、どうしても現在価値、複利計算、デュレーションなど、数学の知識を必要とする解説が出てきて、とっつきにくい内容をイメージされる方も多いでしょう。確かに数式を使って説明したほうが説明する側は楽ですので、数式を使いがちです。
　本書では、できるだけ数式は使わずに説明することを心がけました。金融工学に登場する眩暈（めまい）がするような数式も、自分で作り出そうとすると非常に難易度が高いですが、既存の式の目的を理解する程度であれば、はるかに容易です。そして社債の実務では後者の理解があればプロでも十分通用するのです。実際に微分方程式などを駆使して複雑なモデルを扱うのは、一部のクオンツと呼ばれる専門家ぐらいでしょう。金融業界に従事する人の数パーセントくらいしかいないはずです。

また、一般に「投資」といって最初に思い浮かぶのは株式投資であり、それ以外でも為替や金などのコモディティ商品といったところではないでしょうか。社債の優先順位はかなり低いかもしれません。

　しかし、世の中には「信用リスク」を投資対象とした商品が存在します。特に日本においては信用リスク投資を手がけるのは金融機関に限定されているイメージが強いですが、それは日本の投資家が信用リスク投資に消極的であるからというより、商品供給サイドに問題があるためと思われます。

　実際、米国のハイイールド投信には20兆円以上の日本の資金が投資信託の形を通して流れ込んでいます。そのうえ、日本の信用リスク市場には構造的な問題があり、その歪みに注目することで超過収益を得る機会が存在しています。これまで、その歪みに気付き、利用し、巨額の収益を得てきたのは、ヘッジファンドなどを中心とする外資の資金でした。日本人である我々が利用しない手はありません。

　ただし、投資をするからには、結果を出さなければ意味がありません。本書ではその「結果」を出すために、以下のような実践的な点に重きをおいて編成しています。

- どういった分析をしなければならないか
- どういった銘柄を選ぶべきか
- どのようなタイミングで投資を行わなければならないか
- 損失を避けるために、どのようなことに注意しなければならないか

　たとえば、クレジット投資（企業の信用リスクをとることで利益を上げようとする投資）に関してはファンダメンタルズの分析が最重要であることは論を待ちませんが、教科書的な分析アプローチでは役に立たないどころか、実際の投資においてはマイナスになることすら多くなっています。というのも、日本に限らず世界レベルでも、会社（特に大企業）が倒産に至るプロセスは非常に複雑で多様であり、営

業キャッシュフローやEBITDA（償却前営業利益）倍率がいくらかなどということは、判断するうえでの一参考値にすぎないからです。

　これまで国内で見られた企業破綻の事例をみても、基本的な財務分析数値の悪化だけで説明できる例はほとんどありません。しかし、格付会社をはじめクレジットリスク分析の多くが、「終わった期の会計上の営業利益がいくらか」という議論に終始しているのが現状です。そんななか、本書は投資を成功させるために見るべき本当のポイントは何かに焦点を当てています。

　加えて、クレジット投資で高収益を上げた投資家としてヘッジファンドや外資系のトレーディング部門が知られていますが、なぜ彼らは高収益を上げることができて、日本の機関投資家は遠く及ばない、もしくは同じ期間において損失が発生してしまったのか、といった点についての解説も試みています。

　筆者は25年にわたってクレジット投資の現場に身をおき、市場における想定外の動きに翻弄されながら、実際に投資を行ってきました。本書においては筆者がこれまで経験したことをベースに、生身の投資をご紹介できるよう心掛けました。多少なりとも臨場感を出せたのではないかと思っています。

　本書がクレジット投資に携わる方々にとってわずかでも参考になり、投資リターンの向上に資することができれば、それに勝る幸せはありません。

2017年2月

土屋剛俊

はじめに

---

第1部
基 本 編

---

## 第1章 社債とは何か

1. **社債発行のしくみ** ……… 002
2. **信用リスクについて** ……… 005
3. **銀行融資との違い** ……… 006
    1 信用リスクを直接とる／2 転売しやすい／3 債務者との距離が遠い
4. **株式との違い** ……… 010
    1 オーナーではなく、お金を貸すだけ／2 弁済順位が高い／
    3 株は上場、社債は非上場

   コラム 企業は資金調達で、どれくらい社債に依存すべきか ……… 014

## 第2章 社債の種類とその他の債券

1. **さまざまな種類の社債** ……… 016
    1 弁済順位／2 発行通貨／3 発行会社の場所／4 販売方法／5 発行市場の場所／6 利払いの方法／7 元本の返し方／8 信用リスク水準／9 転換社債型新株予約権付社債／10 リパッケージ転換社債

   コラム スワップ取引と社債発行の関係 ……… 029

2. **社債以外の主な債券** ……… 031
    1 国債／2 政府保証債／3 財投機関債／4 地方債

目次

コラム　地方自治体の借金は法律違反？ ……… 034

# 第3章　利回りと価格の変動

1. 金利と利回りの違い ……… 036
2. 単利と複利の特徴 ……… 037
3. イールドカーブとは何か ……… 039
   1 純粋期待仮説／2 流動性プレミアム仮説／3 市場分断仮説
4. 金利変動と債券価格の関係 ……… 043
   1 現在価値の概念と求め方／2 債券価格を式で表す／3 応用編:3年債に投資した場合／4 デュレーションの概念／5 価格感応度としてのデュレーション

コラム　デュレーションを数式で理解したい人のために ……… 056

# 第4章　発行プロセスと投資家保護

1. 社債発行に関わるプレーヤー ……… 060
   1 証券会社の基本的な3部署／2 シンジケーション／3 社債管理者

コラム　チャイニーズ・ウォール、投資銀行、バンカー ……… 066

2. 社債の値段の決まり方 ……… 069
   1 プライマリー（発行）市場／2 セカンダリー（流通）市場
3. 格付から読み取れること ……… 073
4. 「倒産」の定義 ……… 079
5. デフォルトの定義 ……… 083
   1 債務不履行／2 期限の利益の喪失／3 倒産

コラム　劣後債が劣後する裏に高等テクニック ……… 086

6 一般担保条項 ……… 087
7 法的倒産手続きと社債権者集会 ……… 088
　　1 社債の返済資金／2 社債権者集会／3 法的倒産

# 第5章　社債投資の代替品 〜債務保証とCDS

1 債務保証 ……… 092
2 CDS ……… 093
3 社債とCDSの比較 ……… 095
4 クレジットリンク債とは何か ……… 097
　　1 クレジットリンク債のしくみ／2 社債が存在していなくても投資が可能／3 諸刃の剣

---

## 第2部　投資編

---

# 第6章　社債投資と株式投資の違い

1 投資を始める前に ……… 102
2 社債に株式の投資手法は通用するか ……… 103
　　1 商品性の違いのまとめ／2 株式投資との本質的な違い／3 モニターの頻度／4 企業業績と社債投資損益の関係／5 倒産した場合の投資損益／6 企業の損益動向の分析と投資損益／7 流動性と投資損益

コラム　社債投資でフェラーリに乗る人たち ……… 113

# 第7章 日本の社債市場の特徴

## 1 歪んだ市場の実態 ……… 117
1 買うときは高値、売るときは安値／2 外部格付に依存した投資判断をする／3 ネガティブなニュースに過剰反応する／4 横並びの投資行動をとる／5 ハイイールドのプロが少ない

## 2 構造問題が生まれた背景 ……… 120
1 非効率な投資ルールを正統化しやすい／2 証券会社の人事評価やインセンティブとの関係／3 当局の保守的な態度が助長／4 運用委託者が素人であるということ

## 3 割高・割安の傾向 ……… 128
1 短期の低格付銘柄／2 中途半端な利回りの銘柄／3 外貨建債券／4 転換社債

## 4 社債市場の歴史概観 ……… 133

# 第8章 具体的なクレジット分析と投資手法

## 1 具体的な分析内容 ……… 141
1 キャッシュフロー分析／2 運転資金／3 キャッシュフロー計算書の具体例／4 期間損益の考え方／5 営業損失か、特別損失か／6 債務超過と信用リスク

## 2 投資に分析を反映する際の注意点 ……… 154
1 定性要因の分析が重要／2 政治的に延命される会社は狙い目／3 業績悪化の真の姿は財務諸表に反映されにくい／4 望ましいクレジット投資対象の条件

## 3 社債投資において格付は役立たない ……… 159
1 中立性の欠如／2 タイミング／3 長期格付

## 4 金融機関の信用リスクに関する考え方 ……… 162
1 優先債と負債性資本商品／2 外部から計りづらい金融機関の財務状況／3 国にとって合理的な判断を予測する

## 5 海外ハイイールドクレジットリスクのとり方 ……… 169
1 できれば避ける／2 日本人にも勝機のある投資対象

## 第9章 社債投資のケーススタディ

1. 圧倒的なキャッシュフローに注目すれば安く買える：オリンパス ……… 172
2. 確信のもてない政治リスクは避け、損失を免れる：日本航空 ……… 176
3. 業界激震でも冷静に資金繰りを分析し、値下がり時を狙う：アイフル ……… 181
4. 企業価値の算定力で社債権者集会の交渉に勝つ：コバレントマテリアル ……… 191
5. 想定外の倒産タイミングに撃沈することも：エルピーダメモリ ……… 195

## 第10章 万一デフォルトした場合の対応法

1. 倒産手続きが始まったら ……… 200
   1 倒産しない前提で投資していた場合／2 倒産前提で投資していた場合／3 倒産後に売買が発生する場合
2. 管財人と戦う場合 ……… 204
3. 社債権者集会での戦い方 ……… 210

あとがき ……… 216

参考文献 ……… 218

索引 ……… 219

# 第 1 部
# 基 本 編

# 第1章

# 社債とは何か

## 1 社債発行のしくみ

「社債」とは、民間企業が投資家から比較的長期の資金を調達するために発行する債券を指します。「はじめに」でも述べたとおり、これまでは生命保険会社、銀行、信用金庫、投資信託や信託銀行といった機関投資家だけに発行されることがほとんどでしたが、近年はマイナス金利の影響で、投資候補としての個人向け社債に投資家の関心も高まっています。

社債について詳しく説明する前に、まず社債を含む「債券（公社債）」とは何か、その特徴を簡単に押さえておきましょう。

債券とは、政府・地方公共団体や企業といった**発行体**が必要な資金を調達するために、資金の出し手（投資家）に対して利息の支払いや元本の返済を条件として発行する有価証券（財産的権利を代替する証券。株式や債券、小切手、手形などを含む）を指します。図表1-1のとおり、社債以外に、政府が発行する国債をはじめ、地方自治体が発行する地方債などがあります（詳しくは次項で詳述）。

発行体にとって債券を発行する利点は、より少額ずつでも多数の投資家から同一条件でまとまった資金を調達できるところにあります。

また投資家にとっても、利点があります。債券の場合は、発行体が破綻しない限り、当初約束された利息と元本が戻ってきます。この点、同じ有価証券でも株式と大きく異なります。また、一般には転売が自由に行えるため、市場の

図表1-1　債券（公社債）の種類

| 公共債 | 国債 | 国庫短期国債 | 2カ月、3カ月、6カ月、1年 |
| --- | --- | --- | --- |
| | | 中期国債 | 2年、5年 |
| | | 長期国債 | 10年 |
| | | 変動利付国債 | 15年 |
| | | 超長期国債 | 20年、30年、40年 |
| | | 物価連動国債 | 10年 |
| | | 個人向け国債 | |
| | 地方債 | 公募地方債 | |
| | | 非公募地方債（縁故地方債） | |
| | 政府関係機関債 | 政府保証債 | |
| | | 財投機関債 | |
| 社債* | 金融債 | 利付金融債 | |
| | 事業債等 | 事業債 | 電力債 |
| | | | 銀行債 |
| | | | 一般事業債 |
| | | 特定社債 | |
| | | 転換社債型新株予約権付社債 | |
| | 外国債 | 円建外債 | |
| | | ユーロ円債 | |
| | | 外貨建外債 | |

＊ただし、外国ソブリン債を除く

状況をみながら希望のタイミングで売買して現金化できます。ただし後述しますが、このときの受取金額は市中金利の状況や発行体の信用度合いの変化などによって変動するため、投資金額を下回らないよう注意する必要があります。

　これらの債券の特徴は、そのまま社債にも当てはまります。
　社債の場合も、発行体となる企業を**債務者**、個人を含む投資家を**債権者**とする、いわば"借用証書"といえます。
　通常、社債投資で投資家が得られる利益は、まず利息です。基本的に年2〜4回、社債を発行する企業から元利金支払場所（証券会社などの金融機関）を通じて支払われます。

また、国債や地方債と比べて大きく異なるのは、**信用力**に応じて上乗せ金利が付加されることです。倒産リスクをとることの代償が得られます。

　そして、社債は発行したあとに発行体の信用力が低下してしまうと、その信用力の悪化を反映して、社債の市場価格が下落することがあります。その場合に、額面を割り込んだ社債に投資して、満期（償還日）まで保有すると、**償還差益**（償還価額−購入価格がプラス）が発生します。逆に、額面以上の価格で投資した場合は、**償還差損**（同マイナス）が発生します。この点が、預貯金とは異なります。

　さらに満期まで保有せず途中で売却する場合は、その時点での市場価格（時価）が反映されるため、売却益が出ることもあれば、逆に売却損が生じることもあります。

　昨今は社債に限らず紙の債券はほとんど出回ることなく電子化されていますが、債券には下記のことが記されています（それぞれ詳しくは次章で）。

- 額面金額：債券1枚について、満期時に投資家に支払われる金額（買い付け時の払込金額は額面金額と異なる場合がある）
- 利率：1額面当たりの支払利息と額面の比率
- 利払日：利息の支払日
- 償還日：満期日
- 発行価格：額面100円当たりの価格（通常、償還時は単価100円で償還される）

　社債を発行する企業にとっては、小口に分散させて幅広い投資家から資金を調達できる手段であり、同一条件で比較的長期にお金を借りやすい利点があります。特に個人向け社債を発行する企業は、調達先の多様化を図れることと同時に、企業の知名度アップやIR（インベスター・リレーションズ）活動にもつながることから、利息以外の付加価値をつけようと懸賞付きの社債などを発行する企

業も出てきています。

一方、投資家にとっても国債や地方債に比べて高い利回りが得られるうえに、融資に比べて手続きが容易で、流動性も高い（換金性が高い）という利点があります。また、通常は個人が大企業にお金を貸し付けることはありませんが、社債を通じて個人も企業に投資することができるようになりました。預金より利回りも高く、状況に応じて満期日を待たずに転売できる利点もあります。

## 2 信用リスクについて

「はじめに」で、社債とは発行体の信用リスクをとることによって、その代償として高い利回りを得ることができると述べました。ここで、信用リスクとは何かについて、少し整理してみましょう。

信用リスクは、狭義と広義に分けて考えることができます。

一般的な信用リスクとは、狭義の信用リスク、つまり発行体が倒産してしまった、潰れてしまったときに金銭的な損失が発生する可能性のことです。この場合は、途中でどんなに業績が悪くなっても、満期日に倒産していなければ満額返ってきますので、「満期日までに最後の一線を越えてしまうかどうか」というリスクであるともいえます（「倒産」の定義については第4章で詳述）。

一方、広義の信用リスクは、倒産には至らなくても実害が発生する可能性のことです。たとえば、社債を発行した後に発行体の業績が悪化してしまい、市場が倒産するのではないかと心配し始めたときに、社債保有者が途中で売却して売却損が発生する場合などです。この場合は、仮に満期日に発行体が倒産せず満額償還されたとしても、途中売却した投資家には損失が発生します。つまり、「発行体の信用状況、財務状況の変化に起因する金銭的損失」も信用リスクといえます。機関投資家のように、投資した資産の時価評価が自社の損益計算書に反映されてしまう企業（厳密には保有目的などによっては時価評価が要求されない場合もある）にとっては、発行体の信用力が悪化して社債に評価損が発生す

るという事態は深刻な問題です。

　したがって、社債投資をする際には、**バイ・アンド・ホールド**（持ち切り）であれば、発行体が社債の満期日まで無事に倒産せずにいられるかどうか、が分析の対象となります。一方、保有期間中に信用力が悪化して、評価損や売却損が発生してしまうリスクも管理するのであれば、社債を発行したあと満期までの間にどれくらい信用力が悪化するのかを予想することが、分析の目的となります。

　また、倒産してしまったとしても、事前に倒産するタイミングや倒産によって発生する損失額が100％見通せていて、それに見合った上乗せ金利を得られているのであれば、すべて想定通りですのでリスクではありません。この場合は、リスクではなく費用といえます。

　その意味では、信用リスクとは「発行体が倒産して、その結果、損してしまうリスク」ではなく、「当初予想より信用力が低下（倒産確率が上昇）して、今もらっている上乗せ金利では足りなくなってしまうこと」と定義できるかもしれません。

## 3 銀行融資との違い

　ここからは、社債と、銀行融資や株式投資との違いはどのような点にあるのかをみていきます。

　まず社債と銀行融資は、いずれも企業の資金調達手段であり、定期的に利息がもらえるなど似た点もありますが、お金を集めるしくみが大きく異なります。以下に、銀行融資と比べたときの社債の特徴についてまとめました。

### 1 信用リスクを直接とる

　社債に限らず債券全般にいえることとして、幅広い投資家から資金を集める

図表1-2 発行体が倒産した場合の社債と融資の違い

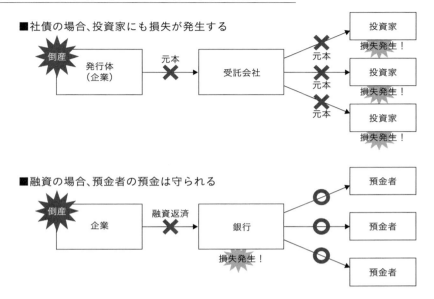

しくみを成立させるため、銀行などの受託会社が発行体（社債であれば企業）との間に入って、利息の支払いや元本返済といった実務を行います。この点が、銀行融資との大きな違いといえるでしょう。一般に、銀行は預金者から預かったお金を元手に、企業などに融資します。

両者のしくみの違いが如実に表れるのは、発行体である企業が倒産した場合です（図表1-2）。

社債の場合は、元本割れや利息の不払いなどで投資家が直接被害を被ります。一方、融資の場合は、仮に銀行が貸し付けた企業が倒産したとしても、銀行にお金を預けた預金者に害が及ぶことはありません。預金を想像するとわかりやすいと思いますが、預金をしている銀行の融資先企業が倒産したからといって、その損失を負うのはあくまで銀行であって、みなさんの預金が目減りしたという経験はないでしょう。このように、預金の場合は投資先が倒産するかど

うかという信用リスクを"間接的に"とるため銀行融資による資金調達が**間接金融**と呼ばれ、同リスクを"直接"とる債券による資金調達が**直接金融**と呼ばれます。

## 2 転売しやすい

　転売しやすい点については前述のとおりで、銀行融資と比べるとよりわかりやすいでしょう。

　たとえば銀行融資の場合、貸し手である銀行がお金を返済してもらいたくなっても、借り手は満期まで返さなくてよい契約になっているため、すぐには回収できません。換金したければ、貸出債権をほかの銀行に売る債権譲渡の必要がありますが、貸し手（債権者）の変更について借り手（債務者）から承諾してもらったり、借り手に通知する、といった所定の手続きが必要です。

　一方の債券の場合、投資家と証券会社など金融機関との間で売買が成立しさえすれば、簡単に貸し手（債権者）の交代ができます。

## 3 債務者との距離が遠い

　もうひとつ大きな違いは、銀行融資のほうが社債より借り手（債務者）との距離感が圧倒的に近いことです。銀行融資の場合、中小企業や非公開企業も融資の対象になります。むしろ融資を通じて、その企業を育てていく側面もあり、特にその企業で融資額が一番多いメインバンクであれば相手先企業の経営に深く関与します。

　社債の場合は、間に証券会社など引受業者が入るしくみ上、貸し手（投資家）が借り手である企業の財務部門と直接的に会話することはありません。広報部（またはIR部）による決算説明会や経営計画説明会に参加したり、ホームページを確認する程度でしょう。

　この債務者との距離感の違いが顕著な差を生むのは、借り手企業の信用力

が悪化してきたときです。社債の場合は信用力が悪化して格付が下がり、投資適格を割り込んでBB格になってしまうと、借り換えのための新発債を発行することはほぼ不可能です（格付については第8章で詳述）。それは、後述するとおり、日本では新規にBB格以下の社債に投資しようという投資家はほとんどいないためです。

また社債権者はそれぞれ小口でしか保有していないため、借入金の大半を一投資家が抱え込むような状況にもなりにくく、信用力が悪化した状況下で社債権者に支援を仰ぐというのは物理的に不可能といえます。

一方、取引残高が筆頭のメインバンクとなると、借入金の大半を実行していることは珍しくありません。メインバンクが借り換えや追加融資に応じなかったことが引き金となって借り手が倒産したとなれば、社会的にも「銀行が倒産させた」と責任を負わされるリスクもあります。また、メインバンクは借り手に対して発言力が強いため、借り換えに応じて既存の融資残高を維持することによって相手を延命させることや、融資継続の条件として借り手に経営の構造改革を迫ることも可能です。そのようなことから、有利子負債の多くが公募社債である会社と、銀行借入が多い会社があった場合、信用力が悪化した際の事業体存続の可能性は後者のほうが圧倒的に高いといえます。

実際のところ、銀行も一度メインバンクになってしまうと借り手の状況が悪くなっても厳しく対応できなくなりがちです。借り手企業が成長しているからと旺盛な資金需要に応じてどんどん融資を増やしてしまうと、銀行側にとっても借り手が倒産したときのインパクトが大きくなり過ぎて、簡単に倒産を選べなくなります。日本においてもバブル期に不動産関連融資が急増し、貸し込み過ぎた銀行が連鎖倒産しかねない状態となって、問題を延々と先送りせざるを得なくなったことがありました。そのような場合に、相対的に額の小さい社債を発行していれば、メインバンクが社債の償還資金を融資してくれて、社債保有者は無傷で済むということもありえます[1]。

---

[1] 社債以外で融資でも同様のことが起きる。苦しくなった会社から小口の融資をしていたほかの銀行たちが次々抜けていき、メインバンクが肩代わりして最後はメインが全額融資を背負う「メイン寄せ」の状態になる。

# 4 株式との違い

　社債の種類について詳しく説明する前に、株式との違いについても整理しておきましょう。株式と債券はいずれも会社に投資する商品ですが、その性質は大きく異なります。

## 1 オーナーではなく、お金を貸すだけ

　株式を買うということは、「会社のオーナーになること」を（一部か全体かの割合は別として）意味します[2]。

　仮に、株式を100株発行している会社の株を1人で全100株もっていれば、その人が同社のオーナーということになります。一方、同じ会社の株式を1株だけもっている場合は、100分の1だけ所有していることになります。会社の株をすべて持っている場合はもちろん、3分の1以上もっていれば、社長の交代や会社の解散、合併、買収などの経営判断に関わることができますが[3]、1株しかもっていない場合は、それらの重要な判断に影響を与えることはほとんどできません。その場合のメリットは何かといえば、会社が儲かった場合の配当をもらえるほか、会社の業績が良くなって株価が値上がりした場合に売却して儲けることができます。逆に業績が悪くなると配当ももらえなくなったり、株価が下がって損失が発生したりします。

　一方、社債は基本的にその会社にお金を貸すだけなので、業績が良くなっても払ってくれる金利が高くなるわけではありません。最初に決めた金利を払ってもらえるだけで、満期日に返してもらえる額が増えるわけでもありません。ところが、発行体の業績が悪くなって倒産[4]してしまうと、貸したお金を満額返してもらえることはほとんどありません。紙くずになってしまうことすらあります。

　では、社債に投資するメリットは何かというと、どんなに会社の業績が悪化し

---

[2] 会社のオーナーというと「社長」のイメージが強いが、それは、社長が株ももっている場合である。上場企業（特に歴史の長い大企業）の場合、ほとんどが"雇われ社長"である。
[3] 正確には、株主総会の決議方法には、普通決議、特別決議、特殊決議など、内容によって決議に必要な株主の

図表1-3　会社が倒産したときの弁済分

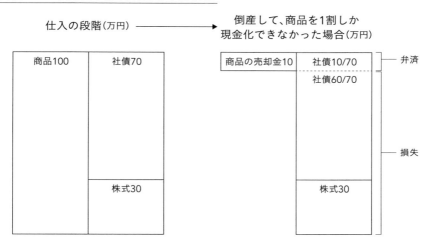

ても、倒産するという最後の一線さえ越えなければ、満額返してもらえますし、金利も払ってもらえる点にあります。株式であれば、倒産寸前の会社の株価は大暴落してしまうなど、たとえ倒産しなくても大幅な損失が発生します。このあたりの株式と社債の投資対象としての違いはのちほど詳しく説明します。

## ❷ 弁済順位が高い

　もうひとつの大きな違いは、倒産したときに優先的に返済してもらえる**弁済順位**が高いことです。

　一般に会社が行き詰まった際、再建を図る場合と、清算してしまう場合があります。清算する場合、会社に残っている財産を全部売り払って、お金を貸してくれた人や仕入代金を払っていない取引先といった債権者や株主に返すのですが、その返済対象者の優先順位が決まっています。まず、債権者に全部返し終わって、それでもまだお金が残っていた場合だけ株主は返してもらえます。

---

数や議決権が細かく決められており、必ずしも100%の議決権が必要なわけではない。大抵の場合、普通決議。普通決議とは、議決権を行使可能な株主の議決権の過半数を定足数とし、出席株主の議決権の過半数により決議する。取締役の解任も普通決議である。一方、一般に重要な意思決定について用いられるのが特別決議。議決権を行使可能な株主の議決権の過半数を定足数とし、出席株主の議決権の3分の2以上により決議する。

たとえば、ある会社が株式の発行で30万円、社債の発行で70万円、合計100万円を調達し、商売のために100万円分の商品を仕入れたとします（図表1-3左図）。ところがその商品はまったく売れず、すべて売れ残ってしまいました。ちっとも売れないため、会社にキャッシュが入ってこない状態のなか社債の満期日がきてしまったので、償還できません。泣く泣く会社を清算することになりました。

　債務を弁済する原資を少しでも確保しようと、売れ残り商品の在庫を投げ売りしたら、10万円にしかなりませんでした。このとき弁済順位の高い社債権者から支払うため、株主には1円も返済できません。社債を買った人は70万円投資したうちの10万円だけ回収できるのに対し、株式を買った人は30万円投資したうち回収ゼロの全損です。

　この場合、株主にお金が返ってくるのは、在庫を売り払ったときに70万円より高く売れたときだけです。一般的に、会社の資産価値が借金総額を上回っている間は銀行が融資に応じてくれることも多く、倒産を選ぶ段階にはどうにもクビが回らなくなっている状況といえますから、「会社が倒産してしまうと、株券は紙切れになる」と考えてほぼ間違いありません。

　さらに株式の場合、会社としては一度お金を払い込んでもらって株を発行したら、会社を清算でもしない限り、基本的にそのお金を株主に返す必要はありません。一方、一般的な債券は満期がありますので、満期日には耳を揃えて返さなくてはなりません。満期がきても簡単に借り換えができる、あるいは事業で儲かったお金で弁済ができれば問題ありませんが、事業がうまくいかず本業からの儲けでは弁済には不十分、業績も悪いので銀行にお願いしても、借り換えの融資も延長もしてもらえないとなると大問題です。株式はその心配をしなくていいという大きな特徴があります。株式には満期も返済日もありません。返さなくていいので、「期日に借りたお金を返せなくて、倒産」にはなりようがないの

---

資本金の額の減少、定款の変更、事業の全部の譲渡、事業の重要な一部の譲渡、事業の全部の譲り受け、解散などは特別決議。会社の承認がないと株を売れなくするような変更は特殊決議で、株主（議決権ではない）の半数以上の出席で3分の2以上の賛成が必要。なお、合同会社への変更など、株主全員の賛成が必要という厳しいものもある。

です。

## 3 株は上場、社債は非上場[5]

　株式の場合、基本的に取引所で取引されますが、社債の場合は相対で行われます。証券会社の役割も株式の場合は取引所に取り次いで手数料をもらう形になり、価格変動リスクを自分で負いません。

　一方の社債は、証券会社との相対取引になりますので証券会社が価格変動リスクを負うことになります。したがって、どの証券会社も買い向かいたくないような銘柄、たとえば今にも倒産するのではないかと市場が思っているような銘柄等は、投資家が売却しようと思っても、どの証券会社もリスクをとりたくないため売却できない可能性があります。もちろん、どんな銘柄であっても値段次第では買ってもいい、というヘッジファンドのような投資家もいます。そういった投資家をみつけられれば証券会社もそこに転売できるため、投資家の売りに買い向かうことが可能になります。

---

[4]「倒産」の意味については、別途詳しく説明するが、一般的には「企業経営が行き詰まり、弁済しなければならない債務が弁済できなくなった状態」を指す。具体的には、以下に挙げる6つのケースのいずれかに該当すると認められた場合を「倒産」と定め、これが事実上の倒産の定義となっている。1.銀行取引停止処分を受ける、2.内整理する(代表が倒産を認めたとき)、3.裁判所に会社更生手続き開始を申請する、4.裁判所に民事再生手続

COLUMN

## 企業は資金調達で、どれくらい社債に依存すべきか

　企業の資金調達において、銀行などから融資で借りる間接金融と、社債の発行などで調達する直接金融のバランスは、財務戦略において非常に重要です。

　仮に会社の業績が好調で、財務も健全であり、高格付を未来永劫にわたって維持できる自信があれば、公募社債のみに頼って負債を調達してもいいでしょう。しかし、どんな優良企業であっても、財務が急激に悪化してしまう可能性は否定できません。その場合に、社債での借り換えができなくなってしまうのは前述の通りです。企業業績に波があることを考えると、一定程度は銀行借入とし、頼りになる銀行との良好な関係を築いておくことは企業財務戦略としても重要ですが、このあたりのバランスをとることは簡単ではありません。

　銀行にとっても、業績が良く財務状況が良好な企業とは取引をしたいわけですが、そのようなときは企業側も資金調達に困っていないので、銀行と交渉するうえで強い立場になります。そうなると、銀行側は取引を得るために、利益を削って企業にとって有利な条件を提示せざるを得なくなりますが、銀行にとっても自己資本規制や求められる最低の利益水準はクリアせざるを得ず、企業の求めるままの条件で融資を実行するわけにはいきません。銀行が提示できる一番良い条件よりも、社債の調達コストのほうがさらに低い場合は、融資を断って社債で調達するということも十分起こりえます。

　ところがその後、企業側の業績が悪くなって市場で社債発行ができなくなり、借り換え資金を融資して欲しいと銀行に頼むとします。銀行としても、業績がよいときには厳しい条件を突き付けてきたのに、苦しくなったから貸してくれと泣き

---

き開始を申請する、5.裁判所に破産手続き開始を申請する、6.裁判所に特別清算開始を申請する。
[5] 正確には上場と市場集中義務は異なるが、ここでは市場集中義務があることを上場として記述。
[6] 裁判所のアドバイスで私的整理をすること。ＡＤＲについては第9章「社債投資のケーススタディ」を参照。

ついてこられるのは面白くありません。業績の良い間もきちんと金利を払ってお金を借りてくれた企業なら苦しいときは助けてあげようとも思いますが、つらいときだけすり寄られても困ると思うのが人情です。

　直間比率の差が企業の存続を左右した例として、武富士とアイフルが挙げられます。2010年に武富士が最終的に倒産した理由のひとつは、日本の銀行との関係が希薄になっていたことでした。一方、アイフルがADR（Alternative Dispute Resolution；裁判外紛争解決）[6]の際に債券をすべて予定通り償還できた要因のひとつは、取引銀行との関係が強く、調達に際して銀行融資や調達する期間（満期の分散）や額の分散などを戦略的に行っていたことでした（第9章で具体事例を詳述）。

　自社の調達コストをできるだけ下げつつも将来の業績変動にも備えなければならず、直間比率や銀行などの各種金融機関との関係維持、将来的な財務戦略の構築、市場急変時の機動的な対応など、CFO（Chief Financial Officer；最高財務責任者）の役割は企業経営にとって非常に重要になります。

# 第2章 社債の種類とその他の債券

## 1 さまざまな種類の社債

　ひと口に社債といっても、さまざまな種類があります。広義には転換社債が含まれますが、通常は転換社債以外の**普通社債**（Straight Bonds、別名**SB**）を指します。この普通社債はさらに、**電力債**、**銀行社債**、**一般事業債**などに分類できます。
　普通社債は、担保の有無や発行方式によって図表2-1のように分類できます。
　普通社債は一般に、事業会社が発行する債券であり、その発行体の信用力（格付）に準じて信用度が異なります。1回の発行額は数十億～数千億円規模と発行体の資金需要に応じて決められるため、発行ごとに異なります。また利息は、年2回支払われるのが一般的です。

　そのほか、資金調達をしたい企業等から資産を譲り受けた特別目的会社（SPC）が発行体として発行し、その譲り受けた資産の将来キャッシュフローを裏づけとする**ABS**（Asset backed securities；資産担保証券）としての社債もあります[7]。国内で発行するときは特定社債と呼ばれます。

　さらに、社債ごとの「弁済順位」「発行通貨」「発行会社の場所」「売り方」「利払いの方法」「元本の返し方」などによって分類できます。

---

[7] 国内で発行する場合は特定社債と呼ばれるが、少数派である。ABSはユーロ市場で発行する外債の形をとるか、信託受益権として販売されることが多い。なお、投資法人債、住宅金融支援機構も広義のABSである。

図表2-1　普通社債の種類

| 種類 | 年限 | 概要 | クーポン |
|---|---|---|---|
| 電力債 | ～30年 | 全国10電力会社の発行する債券。電気事業法によって一般担保が付されている。1回の発行は約100億～500億円。 | 基本的に固定利付 |
| 一般事業債 | ～30年 | 適債基準の撤廃、償還年限の多様化、バブル後の借り換え、低金利環境などで、一般事業債の起債は拡大した。 | |
| 銀行社債 | ～20年 | 1999年10月に、普通銀行による普通社債発行が解禁された。 | |

■担保の有無による分類

| 担保の種類 | 発行法根拠 | 概要 |
|---|---|---|
| 一般担保付社債 | 個々の発行体に関わる特別法 | 特定の担保がなくても、社債権者が会社の全財産について優先弁済の権利が認められる社債。主な発行体は電力会社。 |
| 無担保社債 | 会社法 | 担保のない社債。一般事業会社の発行する社債は基本的に無担保。 |

## 1　弁済順位

　前章で、発行会社が倒産したときに、社債は株式より先に返済してもらえる優先弁済権があると述べました。社債のなかでも、さらに返済順位が異なります。

### 担保付社債

　返済順位が一番高いのが、担保付社債です。ただし、信用力の低い企業も社債を発行することが多い米国ではかなり普及しているものの、日本では基本的に信用力の高い会社が社債を発行するため、発行に手間のかかる担保付社債は基本的に発行されません。

### 優先債

担保付社債や担保付きの銀行借入を弁済した後に、返済が優先される社債です。担保がつかない他の債権である売掛金などと同じ順位になります。なお、社債は基本的に優先債に含まれるため、わざわざ"優先債"と呼ばないのが一般的で、後述する劣後債と区別するために使われます。

### 劣後債

無担保社債を満額弁済してまだ返済原資が残っていたら返済してもらえる社債を指します。実際には法的に倒産した会社の無担保債券が満額で返済されることは極めて珍しいことです。半分返ってきただけで儲けもの、という感覚が一般的なので、劣後債は発行体が倒産したら実質的に紙くずになると考えるのが妥当でしょう。ただし、そのリスクがある分、金利は他の無担保社債より高めに設定されています。

## 2 発行通貨

どの通貨で借金をするかという違いでしかなく、投資家側が強く意識する必要はないでしょう。ただし、実際に投資するときに外貨を用意しないといけないなど、日本人のように基本的に円を持っている投資家からすると、発行体の倒産リスク以外に円高になって為替で損失が発生してしまうリスクがあります。通常、円で運用している投資家が資産分散などの理由で、資産の一定量がすでにドルなど海外通貨建てになっている場合に、その通貨での運用手段のひとつとして投資することはあるでしょう。

社債の発行体にとっては、海外進出によって海外で工場を建設したり商品を仕入れる際に外貨が必要な場合があるので、あえて外貨で社債を発行することには意味があります。日本では、自動車会社が米国でオートコーンを出すためだけに米国にある販売子会社がドル建てで社債を出すケースが多く見られます。

## 3 発行会社の場所

日本国内に本社所在地がある企業を**居住者**、海外に本社所在地がある企業を**非居住者**といいますが、非居住者が日本の法律に基づいて円建てで発行する社債は"サムライ債"と呼ばれます。ただし、債券のしくみとして違いはありません。

## 4 販売方法

債券は基本的に複数の投資家に販売しますが、多くの投資家に幅広く販売する場合と比較的少ない数の投資家に販売する場合で取り扱いが異なり、金融商品取引法に細かくルールが決められています。

基本的に多くの投資家に販売する場合は**公募**と呼ばれ、投資家保護の観点から発行体の情報や発行条件などを広く開示しなくてはなりません。

一方、販売する投資家の数が限られている場合は**私募**と呼ばれ、開示などに関する要求が低くなっています。公募と私募の境目については細かいルールがいろいろありますが、実務上は「販売に際して50人以上の投資家に声を掛けて投資の勧誘をするもの」が公募であり、「その数が50人未満であるもの」は私募である、と認識しておく程度で十分です。

## 5 発行市場の場所

本書は基本的に日本市場で発行される債券について説明していますが、日本市場以外で発行される債券も当然存在します。特に、日本の投資家が注目しているのは、ユーロ市場と米国市場でしょう。

このうちユーロ市場は少し不思議な市場で、特定の国に属しているわけではありません。定義としては、「ある国の金融資産をその国以外で取引する市場」となります。これには歴史的な背景があります。まず第二次世界大戦後、米ソ

関係の冷却により、東欧諸国の銀行が米国政府による米ドル資金の押収を危惧し、その米ドル資金を米ドルのまま欧州銀行に移しました。また、英国政府が1957年のポンド危機対策として国際金融取引でポンドの利用に制限を加え、英国の銀行が米独と積極的に取引したことなどから、ヨーロッパを中心に市場が拡大してきました。

その意味では、バーチャルで概念的な市場といえなくもありません。

ユーロ市場で取引される債券は**ユーロ債**となり、そこでドル建てで発行すれば**ユーロドル債**、円建てで発行すれば**ユーロ円債**となります。ユーロ市場で発行される債券は、原則として受け渡しや保管を海外の決済機関（ユーロ市場ではユーロクリア、クリアストリーム）が行っています。なお、債券としての流動性や利払い方法などは国内債とあまり変わりません[8]。

## 6 利払いの方法

### 固定利付債

満期まで同じ年率の金利を払う債券です。利払いのタイミングは年2回、半年ごとに払うのが一般的です。

### 割引債

額面より安く発行して、途中は利息を払わずに、満期日に額面を返す債券です。たとえば借り手となる発行体が、額面100円の債券を90円で発行して、2年後に100円で償還すると、年率約5%で90円を借りた計算になります。割引債は金融債[9]の一種で、かつては"ワリサイ""ワリコー""ワリチョー""ワリトー"と呼ばれ、特別法に基づいて発行されていたものが有名です。しかし現在は、ほとんど発行されていません。

---

[8] しいていえば、ユーロ円債のほうが若干流動性が落ちたり、ユーロ円債は海外の子会社を発行体としている場合が多い、などの違いがある。
[9] 特定の金融機関が特別法（長期信用銀行法等）に基づき発行する債券で、利付金融債と割引金融債があった。

## 変動利付債
### へんどうりつきさい

　3カ月など一定期間ごとに、指標となる金利に一定の金利を足して支払われる債券です。住宅ローンの変動金利にイメージが近いかもしれません。固定金利で調達すると、金利が下がった場合に相対的に高い金利を払うことになる一方、金利が上がった場合は相対的に低い金利を払うことになります。そうした変動を嫌がる発行体は、この変動利付債を発行します。金利が上がったり下がったりして水に浮いているようだとの意味で、"**フローター**"などと呼ばれます。基準金利として、**TONA**（無担保コール翌日物金利；Tokyo OverNight Average rate）や**SOFR**（担保付翌日物調達金利；Secured Overnight Financing Rate）などが採用されています。

　投資家からすれば、今後インフレになると予想するときは金利上昇にともなって支払われる金利が上がるためニーズにあった商品ですが、予想に反してデフレになると金利低下に伴って受け取る金利はどんどん下がるリスクがあります。したがって、発行体からすれば、インフレになると思えば固定利付、デフレになると思えば変動利付に、投資家からすれば逆に、インフレになると思えば変動利付、デフレになると思えば固定利付を選ぶのが一般的でしょう。

## 7　元本の返し方

　社債の元本の返済は、基本的にあらかじめ決められた償還日に一括返済し、これを**満期一括償還**と呼びます。これが大半ですが、例外を参考までに紹介しておきます。

### コール条項付き

　**コール条項**は、社債発行後の一定期間が過ぎれば、発行体が満期日より前に返済できるという条項で、主に劣後債につけられます。その返済できる日を「**コール日**」と言います。

なぜ劣後債にはコール条項がつけられるのでしょうか。劣後債は自己資本比率を高くするために発行するので、計算上、自己資本に算入できなくなると意味がありません。資本に算入可能とする条件として、「すぐに返済しなくていいお金」であることが必要になります。確かに「明日返済しなければいけない借金」に資本性を認めるのは無理があります。その意味では永久債といって借り手が返さない以上、永遠に返済しなくてよければいいのですが、永久に返済されないかもしれないとなるとさすがに投資しにくくなるのも事実です。

　そこで、返済期日が決まっている劣後債という意味で、**期限付劣後債**と呼ばれる社債は、その資本性を認めるために満期までの期間が短くなってくると資本に算入できる量が減るルールになっているのです。基本的に、満期までの期間が5年を切ると、発行残高は減らないものの自己資本に組み入れられる比率が1年で20％ずつ減るため、自己資本比率が下がり始めます。

　したがって、発行体もコール日にはコールするつもりで発行しますし、投資家もコール日には償還される、つまりお金を返してもらえるという前提で投資します。であれば、最初からコール日までの債券を発行せずに、なぜこのような曖昧な発行の仕方をするのでしょうか？

　どうせ5年でコールするため、「満期10年の債券ですが、5年後に必ず償還します」と書いてしまうと、それはただの5年債ですから資本性が認められません。ではコール条項なしで最初から10年後に償還するだけ、という債券にすると、資本に算入できるのは最初の5年だけで、5年を過ぎると高い金利を払っているのにどんどん自己資本比率が下がってしまうため、自己資本比率を維持するコストが高くなりすぎてしまいます。

　このような背景から、法的な満期は10年だとしても、そこは発行体と投資家の間の暗黙の了解、紳士協定として「絶対に返すとはいわないが、実際は返すので信用して投資してください」となるのです。

それもあって、コール日に返さないと、投資家は「コールするか否かは発行体の権利であって、権利の行使は発行体の自由なんだから仕方ない」と納得せず、「コール日に返すという大人の約束を反故にするとはけしからん」と怒ります。発行する側も投資家にコール日には必ず返済するということを示すために、コール日を過ぎると金利がぐっと高くなるような設計が一般的でした。

　つまり、発行体にしてみれば、ただでさえ資本に組み入れられる額が削られるのに、金利自体が値上がりした状態になり、さすがにコールせざるを得ないだろうと投資家に期待させるようにしていたのです。実はこのような条件にすると、実質的にはコール日までの債券と変わらなくなってしまうため、当局としてもそんな債券に資本性を認めるのはやめようという姿勢を強めます。それもあって最新のルールではコール日を過ぎると金利が高くなるような劣後債は資本に組み入れられなくなるように厳しくルールが変更されています。

　では、具体的にどれくらいの影響があるのか、計算してみましょう。

　たとえば、自己資本比率が10％の銀行があるとします。**リスクアセット**（総資産をリスクで調整したもの）が1000億円で、自己資本が50億円とします。この場合の自己資本比率は50/1000で5％です。ここで期限付劣後債を50億円発行すると、自己資本として合計100億円をカウントできるので、自己資本比率は10％（＝（50＋50）/1000）になります。

　当初の5年間はこのままですが、満期が5年を切り始めると、劣後債から自己資本に組み込める額は以下のようになり、自己資本比率は目減りしていきます。

|  | 【自己資本に組み入れられる額】 | 【自己資本比率】 |
|---|---|---|
| 満期まで4～5年： | 額面の80％＝40億円 | （50＋40）/1000＝9％ |
| 満期まで3～4年： | 額面の60％＝30億円 | （50＋30）/1000＝8％ |
| 満期まで2～3年： | 額面の40％＝20億円 | （50＋20）/1000＝7％ |
| 満期まで1～2年： | 額面の20％＝10億円 | （50＋10）/1000＝6％ |

満期まで1年未満： 　額面の 0% ＝ 0 　　　　　（50＋10）/1000 ＝ 5%

　次に、資本コストの面から考えてみましょう。
　前述の劣後債50億円を発行するために1%多めに金利を払うとします。その場合、追加コストは50億円の1%で、年間5000万円になります。自己資本比率を5%高くするために年間5000万円かかるわけです。つまり、自己資本比率を1%高くするために1000万円かかる計算になります。

　それが満期まで5年を切ると、算入できるのが発行額の80%なので、5000万円というコストは同じでも自己資本比率は4%しか高くなりません。自己資本比率を1%高くするために、1250万円かかる計算になります。
　満期までの自己資本比率を1%高くするためのコストは以下の通りです。

満期まで4〜5年　　　　　5000万円/4 ＝ 1250万円
満期まで3〜4年　　　　　5000万円/3 ＝ 1667万円
満期まで2〜3年　　　　　5000万円/2 ＝ 2500万円
満期まで1〜2年　　　　　5000万円/1 ＝ 5000万円
満期まで1年未満　　　　　5000万円/0 ＝ 無限大

　このように、経済合理性がなくなるため、コール日にはコールされるだろうと投資家も思うのです。もちろん、満期までの期間が5年を切ってしまっても、そのときの市場環境などが悪く、コールして再調達するとコストが高くなってしまう場合もないとはいえず、確実にコール日に返済されるというものではありません。実際、リーマンショックの際は期待されていたコール日に劣後債が償還されなかった例が散見されました。

　満期日とコール日の組み合わせはいろいろありますが、満期が10年でコール日は発行してから5年後というのが一般的です。この5と10の組み合わせは商

慣習ですが、まずコール日までの5年については、コールまで5年以上あることが資本性を認めるためのルール上の要件だからです。また、満期が5年を切ると資本算入できる額が減り始めるという前述の理由により、コール日に5年を足した10年が満期日となります。つまり、資本性を認められる最短の組み合わせが5と10なのです。

## 8 信用リスク水準

　債券の種類という表現が適切であるかどうかはともかく、債券は格付（第8章に詳述）がBBB格以上の投資適格的等級と、BB格以下の投機的等級に分類されます（図表2-2）。投資適格については英語表記（Investment Grade）から「IG」（アイジー）とも呼ばれます。

　倒産しそうな**投機的等級**（Speculative Grade）は、ガラクタやくずのようだということから**ジャンク債**とも呼ばれます。また、投機的等級になると利回りが高くなるため**ハイイールド**（High Yield）とも呼ばれます。なお、ハイイールドについては、信用リスクが高いために利回りが高くなる以外に、新興国通貨建ての債券のよ

図表2-2　格付の等級

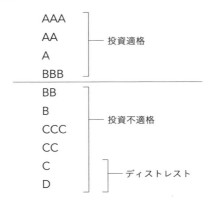

うに国の政策金利が高いために利回りが高くなっているものまでハイイールドと呼ぶ市場参加者もいるようで、定義が曖昧になってきています。

また、投機的と分類されるなかでもさらに下の格付に当たり、すでに倒産しているか、ほとんど倒産しているような状態を**ディストレスト**（distressed）と呼びます。倒産している銘柄は投資対象にならないようにも思えますが、価格も非常に低くなるため（たとえば額面の15%）、そこからであれば投資の対象となりうるのです。

## ⑨ 転換社債型新株予約権付社債

2002（平成14）年の商法改正で正式名称が変更になり、このような長い名前になりましたが、ここでは以前の「**転換社債**」として記載します。転換社債（Convertible Bond）は略して「**CB**」とも呼ばれ、普通社債と区別されます。

通常の社債は単なる借入金ですが、転換社債は発行時に決められた値段（転換価格）で社債を株式に転換することができます。もし、転換社債の購入後に転換価格以上に株価が上昇すれば、株式に転換して株式市場で売却すれば利益を得ることができます。株価が上昇しなければ、転換せずに満期日に元本を返してもらえます。新株予約権の行使によって発行される株式数や、新株予約権を行使できる期間（転換請求期間）などの条件は、あらかじめ決められています。

また、転換社債は支払う金利が普通社債よりも低くなります。それは、投資家からすれば、一定の条件で株式を買う権利（これはコールオプションと同じ）を投資家は買うことになり、当然対価を支払います。それが金利から差し引かれるためです。

発行体にとっては安い調達コストで資金調達ができるうえに、コールされれば借金が消えて、自己資本が増えるというメリットもありますが、その代わりコールされると発行株数が増えることから、株式の希薄化が起こり、株価にとってはマイナス面もあるため、メリットとデメリットをよく考えて発行する必要があります。

上記以外の特徴として、発行体の信用力が普通社債に比べて低い傾向があります。普通社債は、基本的に信用力の高い（投資適格の）銘柄にその発行が限定されます。一方、CBの投資家は「株を買う権利」を重視し個別株オプションととらえられることが多いため、普通社債を発行できない発行体が発行する場合が多くなっています。

　普通社債では信用リスクが低いと受け入れられませんが、CBの場合は将来の株価が上昇する可能性が高いと思われるときは、どのみち株に転換されてしまいます。このとき借金としての債券が消滅する可能性をもつことも、低い格付でも発行される理由のひとつです。その意味で、CBは「新株予約権付社債」というより、「社債付新株予約権」と呼んだほうが実態に近いといえます。

## ⑩ リパッケージ転換社債

　転換社債は、株式オプションの性質をもち合わせているため、単純に社債と比較できませんが、証券化の手法を利用して、転換社債の普通社債部分だけを人工的に取り出したものが「リパッケージ転換社債」です。通称は「**CBリパ**」です。

　日本では個別株のオプション取引はあまり活発に行われておらず、流動性も低いことから、転換社債を個別株オプションの代替品として投資することが多くなります。ただし、個別株オプションとして見ると余計なもの――債券の部分が付いてきます。個別株のオプションであれば、権利を買うだけなので、少ないお金で投資できますが、転換社債の場合は社債なので、元本全額を払い込まなければなりません。また途中で発行体が倒産してしまうと、大きな損害が発生してしまいます。オプションの投資家は信用リスクをとることが投資の目的ではないため、債券としての性質は邪魔なのです。とはいえ、転換社債は**新株予約権（コールオプション）**部分を社債と分離して売買することはできません。

　それを解消するために、株の投資家は転換社債を買い戻し条件付きで証券

会社などに売却します。すると、以下のような投資をすることになります。

- 転換社債は売却しているので、債券を買うために使ったお金は回収できる
- もし株価が下がった場合は、買い戻しはしない
- もし発行体が倒産してしまった場合も買い戻しはしない
- もし株価が上がった場合は転換社債を買い戻して、株に転換して株式市場で売却して利益を得る

　転換社債の発行体の信用リスクをとりたい債券の投資家は、買い戻し条件付きでその転換社債を証券会社などから購入しますが、そうすると、証券会社と投資家の間で長期の契約を結ぶことになり、取引関係が煩雑になることから、証券化して別の社債として販売します。
　こうすれば、オプションが欲しく、信用リスクをとりたくない投資家は実質的にオプションだけを買うことができ、クレジットリスクだけをとりたい債券の投資家は普通社債市場には存在しない銘柄を普通社債に投資するのと同じリスクで投資することができます。唯一の違いは買い戻し権が行使された場合に額面で償還されてしまうということで、キャッシュフローに不透明な部分が発生するところであり、通常はその部分を加味して、上乗せ金利（スプレッド）が付加されます[10]。

---

[10] 同じスプレッドで満期までの期間が短くなるだけのため、クレジット投資としては悪くはないが、満期に見合った調達を固定金利で行った後に期限前償還してしまい、再投資する際にさらに金利水準やスプレッド全体がタイトニングしていた場合には再投資リスクが発生する。

COLUMN

# スワップ取引と社債発行の関係

　債券の発行でよく使われる、スワップ取引の基本について触れておきます。
　スワップ取引とは「交換」契約のことで、基本的に同じ価値のものを交換します。同じ価値なら交換しなくてもよさそうなものですが、たとえば次のような場合に経済的な意味をもちます。
　まず、米国の一流企業Ａ社は、すでに米国内でドル建ての融資を与信枠一杯に受けており、これ以上借りる場合は、さらなる上乗せ金利を要求される状況にあるとします。Ａ社は日本でも有名なことから、もしＡ社が円で借りてくれるなら追加の上乗せ金利を払ってもらわなくてもいい、と日本国内の銀行は考えました。
　同時に、日本の企業Ｂ社も一流企業ですが、日本国内でＡ社と同じような状況に陥っています。すなわち、すでに円建てで与信枠一杯に借りており、これ以上の追加融資に応じてもらうには、こちらも追加の上乗せ金利を要求されそうです。ただＢ社も米国内で有名なため、米国内の銀行はドル建てなら追加の上乗せ金利なしで貸してあげてもいいと思っています。
　しかし、Ａ社に必要なのはドルであり、Ｂ社に必要なのは円です。そこで、互いが有利な市場でお金を借りてきて（つまり、米国にあるＡ社は日本の銀行から円を融資してもらい、日本にあるＢ社は米国の銀行からドルを融資してもらう）、借りたその日に交換してしまいます。すると、Ａ社はドルを、Ｂ社は円を、自社に提示されたより良い条件で手に入れることができます。実際はもっと交換時の条件がつけられますが、基本的な構造はこのようになっています。
　マーケットの状況次第ですから、需給で価格が変動します。たとえば、日本の会社がスワップでドルをもち出すニーズが大きくなると、交換レートはドルを調

達する側にどんどん不利になっていきます。2016年はその傾向が顕著で、円の金利を少し払うだけで、ドルの金利を多くもらえる環境でした。日本の債券のように金融緩和によってマイナス金利の状態になっても、見返りのドル金利は多くもらえることになります。日本国債の金利がマイナスでも外国人投資家がこぞって買うのは、それをスワップしてドルの投資商品にすると、同じ年限の米国債を買うより利回りが良くなるからなのです。

## 2 社債以外の主な債券

社債以外の債券については第1章の冒頭でも簡単に説明しましたが、どのようなものがあるのか、ここで改めて整理しておきます。

### ① 国債

国が資金調達（借金）するために発行する債券。日本政府が発行する日本国債のほか、欧米諸国など多くの国が発行しています。ギリシャ国債などが支払い期日に元金の償還ができない可能性が高くなり、欧州債務危機を引き起こしたのは記憶に新しいところでしょう。2015年度末の日本の発行残高は913兆円。

### ② 政府保証債

政府が元利金の支払いを保証している債券で、国債と違って、国そのものが発行体ではありませんが、基本的に国の信用力と同じです。利回りは国債より若干高い。原子力損害賠償・廃炉等支援機構など特定の国家機関が主に発行します。2015年度末の日本の発行残高は36兆円。

### ③ 財投機関債

政府からお金を借りる「**財政投融資**」という制度を利用して資金調達している国家機関が、政府保証をつけずに債券を発行するときに財投機関債と呼ばれます。図表2-3のとおり国際協力銀行や日本政策投資銀行などが主な発行体で、国に近い存在とはいえ、国そのものではないため国債より金利は高めに設定されます。政府保証は付されないものの、一般担保条項など、手厚い投資家保護がなされています。2015年度末の日本の発行残高は28兆円（除く

図表2-3　財投機関債の発行体の一例

(単位：億円)

| | |
|---|---:|
| 独立行政法人住宅金融支援機構 | 23,386 |
| 株式会社日本政策投資銀行 | 4,000 |
| 株式会社日本政策金融公庫 | 2,937 |
| 株式会社商工組合中央金庫 | 2,660 |
| 独立行政法人日本高速道路保有・債務返済機構 | 2,500 |
| 独立行政法人日本学生支援機構 | 1,200 |
| 独立行政法人鉄道建設・運輸施設整備支援機構 | 1,035 |
| 独立行政法人都市再生機構 | 600 |
| 独立行政法人国際協力機構 | 600 |
| 沖縄振興開発金融公庫 | 250 |
| 株式会社国際協力銀行 | 200 |
| 独立行政法人福祉医療機構 | 200 |
| 中部国際空港株式会社 | 149 |
| 独立行政法人大学改革支援・学位授与機構 | 50 |
| 独立行政法人水資源機構 | 40 |
| 新関西国際空港株式会社 | 4 |
| 合計 | 39,811 |
| 　うち普通社債 | 20,935 |
| 　　資産担保証券 | 18,876 |

RMBS[11])。

　財投機関債はよく略して「財投債」と呼ばれますが、本来「財投債」は財政投融資のために政府が発行する国債を指すので、この呼び方は正確には間違いです。ただ、商習慣になっているので注意が必要です。投資家から見ると、赤字国債も建設国債も財政投融資用の財投債も、いずれも外見は同じ普通の国債で、日本政府の借金です。ちなみに、財務省内部では「**機関債**」と呼んでいます。

---

[11] "Residential Mortgage-Backed Securities"の略で、日本語では「住宅ローン担保証券」のこと。

## 4 地方債

　地方公共団体が発行する債券です。2015年度末の発行残高は、公募が約59兆円、銀行から借りているもの（債券ではないが「**縁故債**」と呼ぶ）が約39兆円あります。

　実務の世界で地方債についてよく話題にのぼるのは、自治体ごとの信用力、つまり破綻する可能性に差があるのかという点です。流通市場の実勢をみると、自治体ごとに上乗せ金利にわずかながら差が見られるため、市場はその信用力に差があると判断していることになります。このテーマについては学術論文も格付会社のレポートも多く議論のあるところですが、他国と比べて日本の地方債は制度的に発行体格差が生じないしくみが用意されているため、実務上はそれほど格差を意識する必要はないと筆者は判断しています。

　なお、地方債には、一般的な債券とは異なる特徴をもつものがあります。ひとつは、**共同発行地方債**と呼ばれる、複数の自治体が連帯債務者となって発行する債券です。連帯債務なので、信用力がより高くなります。

　もうひとつは、**定時償還債**という、償還が毎年一定の割合で行われる債券があります。償還期間は20年、30年など長期です。通常の社債ではほとんど見られない特徴なので、覚えておくといいでしょう。

COLUMN

## 地方自治体の借金は法律違反？

そもそも地方債の発行は法律で禁止されているのではないか、という議論があります。というのも、地方財政法第五条には「地方公共団体の歳出は、地方債以外の歳入をもつて、その財源としなければならない」と書いてあるからです。確かに、自治体はその年の税収の範囲内で手当てするのが筋です。では、なぜ地方政府に200兆円もの借金があるのでしょうか。その矛盾の理由も、地方財政法にあります。地方債を発行してもいい条件というのが定められているのです。

（地方財政法より抜粋）
　第五条　　地方公共団体の歳出は、地方債以外の歳入をもつて、その財源としなければならない。ただし、次に掲げる場合においては、地方債をもつてその財源とすることができる。

- 一　交通事業、ガス事業、水道事業その他地方公共団体の行う企業（以下「公営企業」という。）に要する経費の財源とする場合
- 二　出資金及び貸付金の財源とする場合（出資又は貸付けを目的として土地又は物件を買収するために要する経費の財源とする場合を含む。）
- 三　地方債の借換えのために要する経費の財源とする場合
- 四　災害応急事業費、災害復旧事業費及び災害救助事業費の財源とする場合
- 五　学校その他の文教施設、保育所その他の厚生施設、消防施設、道路、河川、港湾その他の土木施設等の公共施設又は公用施設の建設事業費（公共的団体又は国若しくは地方公共団体が出資している法人で政令で定めるも

のが設置する公共施設の建設事業に係る負担又は助成に要する経費を含む。）及び公共用若しくは公用に供する土地又はその代替地としてあらかじめ取得する土地の購入費（当該土地に関する所有権以外の権利を取得するために要する経費を含む。）の財源とする場合

　一項は、交通、ガス、水道といったライフラインについて地方公共団体が行う事業の場合で、収入を伴うビジネスなので借金をする大義が立つということでしょう。二項はお金を貸す場合で、これも返済の当てがあるので借金して調達してもいい範疇といえるでしょう。三項も借り換えですから、前項に準じます。
　四項は災害に対応する緊急事態ですから必要です。
　そして、よく聞かれるのが、五項です。学校を作るためのお金は借りてもいい、ということのようで、これは「世代間の不公平の是正」のためといわれています。
　もし、五項がなければ、学校の建設費を毎年積み立てておかなければなりません。たとえば、総工費が30億円かかり、その学校は30年間使えるとします。もし30億円満額が貯まるまで学校が作れないとすると、最初の29年間は住民が税金を払っているのに学校に行けない事態が生じます。さすがにそれは不公平だということで、まず30年満期で30億円借金して、そのお金で学校を作ります。そして最初の年の税金から1億円、貯金しておきます。これを30年間続けると30億円貯まり、ちょうど満期になった30億円を返済することができて、世代間の不公平がなくなるというわけです。
　ただ、こうすると30年間借金をして金利を支払い続けるのに、30年間貯金をし続けることになります。一般的に借金の金利のほうが預金のそれより高いので、いわゆる「逆鞘（ぎゃくざや）」で余計に支払いが増えます。それを解消するには、毎年税金から1億円ずつ借金を返してしまえばいいわけです。こうした場合を想定して、地方債には毎年一定の元本が返ってくる定時償還債という特殊な債券が存在しています。

# 第3章 利回りと価格の変動

## 1 金利と利回りの違い

　債券に投資すると、預金で利息を受け取るのと同じように、保有期間中は債券額面に対して毎年決まった金利（利子。「**クーポン**」とも呼ぶ）を受け取ることができます。この金利の額面に対する割合を**表面利率**と呼びます。

　ただし、債券の場合は金利だけでなく、価格と両方を考慮した**利回り**で検討する必要があります[12]。利回りは「投資元本に対して、1年に何％の収益を生むか」を示す指標です。

　たとえば、額面100万円、クーポン5％、満期1年の債券があるとします。この債券を100万円で買ったら、1年後には利子を含めて105万円になるため、利回りは5％（105万円÷100万円）です。

　ところが、同じ債券を95万円で買ったらどうでしょうか。

　この場合も、投資家は1年後に105万円受け取れます。というのも、発行体が「金利5％、満期日に額面100万円を返す」という条件を約束して発行した債券なので、投資家がいくらで手に入れてもその条件は守られるのです。すると、投資家側は利回り10.5％（≒105万円÷95万円）と先の投資家の倍以上高い利回りを得られたことになります。このように、投資の効率を比べるときは、利回りで考えなければなりません。

---

[12] ここでは金利と利回りを区別して解説しているが、金利＝利回りの意で使われることもある。

## 2 単利と複利の特徴

　利回りを計算するうえで、単利と複利をおさえておきましょう。両者の違いをややこしく感じる要因は、投資の利回りを年率換算で測ろうとするからではないでしょうか。順を追って説明していきます。

　まず、**単利**というのは当初の元本に対してのみ、利息が計算されるものをいいます。金利が金利を生む要素を無視するため、計算が簡単になります。

　たとえば、100円で買って2年後に110円になって返済される債券をAとします。これは、2年で10%の利回りということになります。次に、100円で買って1年後に105円になる債券をBとします。これは、1年で5%の利回りです。

　両者を比べるとき、それぞれ利回りがAは10%、Bは5%なので、Aの投資効率のほうがいいのでしょうか。しかし、保有期間が異なりますから、いずれも1年換算で比較してみます。

　このとき、Aの年率換算利回りはいくらになるでしょう？

　2年間分の金利が10円なので、1年につき5円。つまり、購入した100円に対して、利回りは年率5%となります。

　次に、**複利**で考えてみましょう。複利とは1年間で受け取る金利分を元本に足して、増えた元本をまた運用する、という考え方です。1年の金利を5%として考えてみましょう。まず、初年度は元本と金利で105円になります。2年目にこの105円を投資すると、105円に対して5%の金利がつくわけですから、2年後の元利合計は110.25円になります。つまり、年率5%を複利で運用すると2年後には110.25円になります。ところがAの例では、2年後の元利合計が110円です。

　そのためには、金利を$x$とすると、以下のような式になります。

　100円×（1+$x$）×（1+$x$）＝110円

　つまり

図表3-1 単利と複利の違い

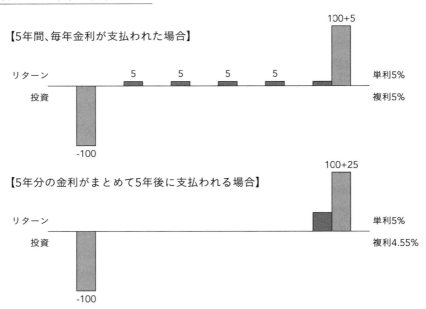

$100円 \times (1+x)^2 = 110円$
計算すると、x＝約4.881％となります。

　以上より、「100円を2年間運用したら110円になった」状態を、単利で計算すると5％、複利で計算すると4.881％となります。
　比べると、Aの4.881％に対してBは5％なのでBのほうがいい、という結論になります。

　計算方法は単利のほうが簡単でいいように思えますが、実務の世界でよく使われるのは圧倒的に複利による計算です。先の例で、100円が2年後に110円になるには、利回りが4.881％といっても、実際には100円を投資した1年後に

4.881%の金利が支払われ、それと元本を足した104.881円をもう1回4.881%で1年間運用するわけではありません。なぜなら1年後に1年物の金利が4.881%である保証はどこにもありませんし、元本が一度返ってくるわけでもないからです。このように「仮説」を立てていく手順も、初心者が債券をわかりづらく感じる原因ではないでしょうか。

　複利で計算される例が多い背景には、単利計算が大きな欠点を抱えていることもあります。お金が発生するタイミングを考慮しないことです。

　たとえば図表3-1のように、金利支払いのタイミングが異なる2種類の債券があったとします。ひとつは、投資金額が100円、5年間にわたって毎年金利が支払われ、その合計は25円になります。もうひとつは、投資金額は100円で、5年分の金利をまとめて5年後に25円支払われる債券です。

　単利で計算すると両方とも利回りは年5%です。しかし、前者は金利を手前でもらえるため、それをまた運用して金利をさらに稼ぐことができますが、後者は5年間何ももらえません。ただし単利で計算すると、後者の債券でももらえる金利の合計25円を5年で割るので、利回りが同じになってしまうわけです。これを複利で計算すると約4.55%になり、前者のほうが利回りが良いことを確認できます。

# 3 イールドカーブとは何か

　債券市場においては、同一種別のもの、たとえば国債においても満期までの残存年数が異なると違う利回りで取引されます。そこで残存年数ごとの複利利回りを線でつなぎ[13]、投資の判断に用いることがあります。この曲線を**イールドカーブ**、または**利回り曲線**と呼びます（図表3-2）。

　イールドカーブは通常は右肩上がり、つまり残存年数が長いほど利回りが高く

---

[13] 10年利付国債は通常、月1回発行される。そうなると最長で残存10年の物から、1年未満の物まで市場に存在することになる。これらの価格から計算した利回りをプロットする。

図表3-2　イールドカーブの一例（米国債）

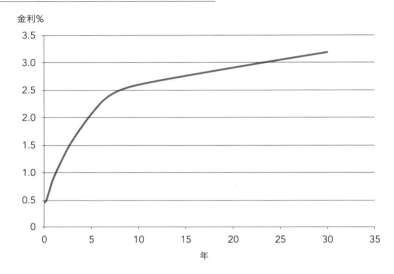

なる傾向があります。このようなイールドカーブを**順イールド**と呼びます。逆に長い年限の利回りが、短い年限の利回りを下回ることもあります。これを、**逆イールド**と呼びます。

　なぜ期間によって利回りの水準が異なる（カーブが異なる）のかについては、まだ意見が分かれて議論が続いていますが、有名な金利の期間構造理論は主に以下の3つがあります。

## 1　純粋期待仮説

　将来の金利のほうが高くなるという市場の期待が反映される、と仮定する考え方です。事例で説明しましょう。
　1年の金利が5%、2年の金利が7%の状態で2年間運用する場合、以下の2つの方法があります。

図表3-3　金利の予想

- 最初から2年物の債券を買う
- 最初に1年だけ運用して、1年後に満期になったら、新たに1年運用する

　この2つに関して、どちらの方法でも結局2年間運用するので、同じ結果になるはずだ、と考えるのです。もしどちらかの方法が有利であれば、不利な方法で運用しようとする人がいなくなるからです。

　たとえば100円を最初から2年間運用すると、100円×1.07×1.07＝114.49円になります。次に1年物は100円×1.05で1年後には105円、あと1年運用して114.49円になるためには、1年後の1年金利は9.04％くらいでなければなりません。そうすれば、100円×1.05×1.0904＝114.49になります。

　つまり、市場は1年後の1年物の金利が9.04％になると思っているから、2年物の金利が7％になっている、ということになります（図表3-3）。ここまでが教科書的な説明となります。

　これを実務の世界から見てみると、この段階でかなり違和感があります。市場参加者が逐一、1年後の1年金利、2年後の1年金利、3年後の1年金利……という実態は筆者の知る限りありません。

## 2 流動性プレミアム仮説

　残存期間が長い債券のほうが流動性は低く、そのぶんプレミアムがついて金利が高くなるという考え方です。将来にいくほど金利変動リスクが高くなるので金利が高くなると説明されます。ただし、こちらも実務の世界から見ると、そもそも将来の金利変動リスクが高くなることは「流動性が低くなる」ことと同義ではないので、理屈に無理があります。また、この説によれば、金利は年限が長いほうが必ず短いほうよりも高くならなければなりませんが、実際には、年限が短いほうが長いほうより高くなる逆イールドのケースもあり、説明がつきません。

## 3 市場分断仮説

　短期で運用したい投資家と長期で運用したい投資家がいるので、それぞれの都合で別々に金利が決まる、という考え方です。短い期間で運用する人といえば、投資信託などでお客さんからいつ引き出されるかわからないため、それに備えて満期の短い債券をもたなければならない人たちです。

　一方、生命保険会社の年金型の保険のように長期でお客さんに利回りを保証している場合は、年限の長い債券を買うニーズがあります。だから期間で金利が異なるという考え方です。これを実務の世界から見ると、市場参加者は明快に分かれているわけでもないため、この説にもかなり無理があります。

　結局のところ、実務に即してイールドカーブをきちんと説明する理論はないように思えます。社債を勉強される初心者の方は、イールドカーブの存在する理由については深追いせずに、事実として認識する程度でよいのではないでしょうか。

　市場参加者の肌感覚からいうと、純粋期待仮説や市場分断仮説は市場実態にそぐわず、机上の理論という感じが強く、流動性プレミアム仮説のアプローチが一番しっくりくるように思います。ただ細かい学説にこだわっても実務では

役に立ちませんので、「すぐ先のことよりは、ずっと先のことのほうがわからない。なんとなく気持ち悪いので、多めに金利をもらっておかないと落ち着かない」と理解しておくぐらいが一番実務的でしょう。また、お金を貸す場合、短い期間よりも長い期間コミットするほうが高い報酬を要求したくなるのは当然だ、と考えるのも感覚的に理解しやすいのではないでしょうか。

# 4 金利変動と債券価格の関係

　金利が変動した場合に、債券の価格にどんな影響が出るのかを考えてみましょう。

　金利と債券価格には以下の関係があります。これは基本かつ重要なルールなので覚えておきましょう。

- 金利が上がると債券価格が下がる
- 金利が下がると債券価格が上がる

この関係について、具体例を用いて検証していきます。

## 1 現在価値の概念と求め方

　債券の価格変動のメカニズムを理解するうえで、**現在価値**（Present Value；PV）という概念を理解しておく必要があります。現在価値とは、発生の時期が異なる価値を金利で現在の価値に割り戻したものです。そのときに使う金利を割引率といい、基本的に複利の利回りを用います。

　たとえば、あなたの元に親切な人がやってきて、「あなたにお金をあげましょう。今100万円受け取るか、1年後に105万円受け取るか、どちらか選ぶこと

ができます。どうしますか?」と聞かれたら、どちらを選びますか[14]。

直感的には105万円のほうがよさそうです。でも、預金金利が年率6%なら、今100万円もらって預金して1年後106万円にしたほうがいいでしょう。もし預金金利が年率4%なら、今100万円もらって預金して1年後に104万円にするよりも、1年後に105万円もらったほうがいい、ということになります。

つまり、もらうタイミングがずれている場合は、100万円か105万円かという直近の絶対値を比べてはいけません。時間の経過が金利を通して価値を変動させる部分を加味して考える必要があるのです[15]。

この例では図表3-4に示すとおり、金利が5%のとき1年後の105万円の現在価値は100万円である、ということになります。同様に1年後が105万円でも、金利が6%のときの現在価値は99.05万円、金利が4%のときの現在価値は100.96万円になります。

このようにして、価値を比較できるようになります。


以上を予備知識として、金利の変化が債券の値段に与える影響について述べます。


金利と債券の値段の大原則は、「金利が高くなると債券の値段は下がる。そして金利が低くなると債券の値段は上がる」という関係です。

例として、額面100万円で発行して、金利が年5%、満期日が2年後の債券について考えてみましょう。

金利も満期日もすべて決められていますが、この債券の値段が変動することはあるのでしょうか。株価が変動するのはわかりますが、債券の値段は動きようがないように思えます。ところが、経済ニュース等でも「○○証券が、債券トレーディングで利益を上げた」とか「悪い金利上昇による債券価格下落のリスクが心配」といった記事をよく目にします。

なぜ満期まで支払われる額が決まっている債券の値段が動くのでしょうか?

債券の場合、額面の100万円で買って満期日に100万円返ってくる限りにお

---

[14] この質問をお金に困っている人にすると、「今すぐちょうだい」になってしまうが、当面のお金に困っていない人を前提に考えていただきたい。

図表3-4　金利が現在価値に与える影響

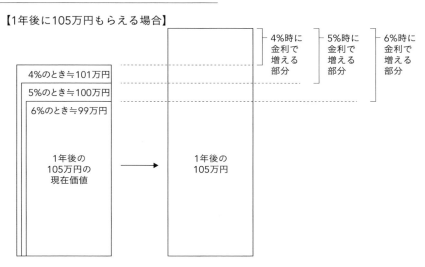

いては、途中で金利がどんなに変動しようが損も得もしません。では、どのようなときに金利が問題になるかというと、たとえば、運用期間が1年間と決められている際に、2年満期の債券を買って1年後の市場価格で売却するような場合です。

信用リスクの要素が入ると複雑になるので、国債で考えてみましょう。

発行段階で2年物の金利は5％ですので、国債も5％の金利で発行されます。発行後1年経過したときに1年物の金利が5％だとすると、売却して100万円を手にすることができます。金利5万円がつき、1年間で100万円が105万円になります。

では、1年前に2年物の債券を買わずに、最初から運用期間に合わせて満期1年の債券を買っていたらどうでしょうか？　1年前に1年物の金利が5％であったとすると、そちらも1年間で100万円が105万円になります。この場合は満期償還ですので、そのときの金利がいくらであるかは無関係です。この2つの

---

[15] 本当は、物価がどうなっているかが重要。いくら1年後に105万円に増えても、今100万円の時計が1年後に110万円に値上がりしていたら、結局、今100万円もらったほうがいいことになる。金利に関しては、インフレも加味する必要があるが、ここではややこしくなるのでインフレの要素はあえて省いて説明している。

運用成績を比べると、ともに1年間で105万円となり結果は同じとなります。

　では、2年物の金利5%の債券を買って1年たったときに、1年物の金利が10%に上がってしまったらどうなるでしょうか？
　市場金利は10%になっていますので、残り1年で金利が5%しかない債券を額面の100万円で買ってくれる投資家はいません。そうなると、1年間で利回りが10%に等しくなるような値段に決まるので、105÷1.1＝95.45万円となります。金利が5%しかなくても、95.45万円で買っておけば、1年後に105万円となり、10%で運用したのと同じことになるためです。金利が10%のときの1年後の105円の現在価値は95.45円ということになります。
　こうなってしまうと、1年前に100万円で債券を買い、1年後に金利5%もらって、債券を95.45万円で売却して合計100.45万円となり、4500円しか増えなかったことになります。であれば、最初から1年物に投資しておいたほうが運用成績は良かったという結果となります。

■1年間の運用ゲームその1：金利上昇シナリオ

【投資対象】
　Aさん　クーポン5%の1年満期債券
　Bさん　クーポン5%の2年満期債券

【成績発表】
　Aさん　105万円（元本100万円＋金利5万円）
　Bさん　100.45万円（売却代金95.45万円＋金利5万円）
　Bさんの負けです。

逆に、金利が下がったらどうなるでしょうか？
投資を始めた1年後に金利が低下して1%になってしまったとします。すると

今度は1年間の利回りが1％と等しくなるところで値段が決まります。

満期に100万円になるものを104万円（105 ÷ 1.01 = 103.96）近く出して買うため、損してしまいますが、そこは5％の金利が補って、結果的に1年間1％で運用したのと同じ結果となります。前述の言い方をすれば、金利が1％のときの1年後の105円の現在価値は103.96円になります。

もしこのシナリオとなれば、1年前に100万円で債券を買い、1年後に金利を5％もらって、債券を103.96万円で売却することになるため、合計108.96万円となります。8万9600円も増えることになり、最初から1年物を買うよりも高い運用成績を残せたことになります。

■1年間の運用ゲームその2：金利下落シナリオ

【投資対象】
　Aさん　クーポン5％の1年満期債券
　Bさん　クーポン5％の2年満期債券

【成績発表】
　Aさん　105万円（元本100万円＋金利5万円）
　Bさん　108.96万円（売却代金103.96万円＋金利5万円）
　Bさんの勝ちです。

ゲーム1と2の投資リターンをまとめると図表3-5のようになります。運用する期間が1年であれば、最初から満期が1年の物に投資するのが一番安全ですが、うまく市場金利の動きを予想し、リスクをとることによって、無リスクで運用するよりも高いリターンを上げることが可能になります。もちろん、予想が外れて無リスクで運用するよりもリターンが低くなってしまうこともあります。

図表3-5　普通社債の種類

| 1年後の1年金利 | 5% | 10% | 1% |
|---|---|---|---|
| 105万円の現在価値 | 100万円 | 95.45万円 | 103.96万円 |
| すでにもらった金利 | 5万円 | 5万円 | 5万円 |
| 合計 | 105万円 | 100.45万円 | 108.96万円 |
| 1年物で運用した場合との差 | ±ゼロ | −4.55万円 | +3.96万円 |

## 2　債券価格を式で表す

以上の例は2年物の債券を残存1年のときに売却する例でしたが、実際には、より長い満期の物が多く取引されます。満期が長くなってくると価格の計算が複雑になってきますので、一般化すると債券の値段を表す式の基本は以下になります。

$$P = \frac{c}{1+r} + \frac{c}{(1+r)^2} + \cdots + \frac{c+100}{(1+r)^n}$$

c＝クーポン（発行体から支払われる金利）
r＝債券の価格を計算するときの金利
n＝期間（年）

数式で書くと急に難しくなったように思えますが、基本的な考え方は同じです。
これを先の例（2年物の債券を残存1年のときに売却）で考えてみると、満期が1年で、支払われるのは満期の額面と1回分の金利だけですので、cは5、nは1となり、式は以下のようになります。

$$P = \frac{c+100}{1+r} \rightarrow P = \frac{5+100}{1+0.05} \quad \text{つまり、ちょうど100万円}$$

金利が5%のときは、今の100万円と1年後の105万円は同じ価値ですから、債券の価格は100万円と割り出せます。

1年後に、金利が10%になっていたらどうでしょう。

$$P=\frac{c+100}{1+r} \rightarrow P=\frac{5+100}{1+0.1} \quad 95.45万円$$

金利が10%のときは、今の約95.45万円と1年後の105万円は同じ価値であり、つまり債券の価格は95.45万円に下落します。

金利が1年後に1%になっていたらどうなるでしょうか。

$$P=\frac{c+100}{1+r} \rightarrow P=\frac{5+100}{1+0.01} \quad 103.96万円$$

金利が1%のときは、今の約103.96万円と1年後の105万円は同じ価値であり、債券価格は103.96万円に上昇することになります。

## 3 応用編：3年債に投資した場合

では一歩進んで、運用期間は同じ1年ですが、最初に投資するのが3年物の債券で、1年後に売却するのが残存期間2年の債券について計算してみましょう。これは2年物に投資するときと考え方は同じで計算が少し難しくなるだけですので、読み飛ばしていただいても大丈夫です。

2年分の計算をすることになるので、複利の考え方が出てきます。複利というのは運用するときに、途中でもらった金利も元本に足して運用するので、元本が増えていくという考え方でした。

では、同じようにクーポン5％で残存期間が2年の債券の値段がいくらになっているか計算してみましょう。2年分ですので、少し長くなって以下のようになります。

$$P=\frac{c}{1+r}+\frac{c+100}{(1+r)^2}$$

手前は1年後にもらえる金利の部分、後のほうは2年後にもらえる金利と元本の部分です。

まず、金利が変わらなかった場合です。

$P=\frac{c}{1+r}+\frac{c+100}{(1+r)^2} \rightarrow P=\frac{5}{1+0.05}+\frac{5+100}{(1+0.05)^2} \rightarrow 4.76+95.23≒105$

 パート1 1年後の金利部分
   現在価値は4.76万円 （5÷1.05）

 パート2 2年後の金利＋元本部分
   現在価値は105÷1.05÷1.05＝95.23万円

パート1＋パート2＝4.76+95.23＝100万円

金利が10％になっていたら、どうでしょう。

$P=\frac{c}{1+r}+\frac{c+100}{(1+r)^2} \rightarrow P=\frac{5}{1+0.1}+\frac{5+100}{(1+0.1)^2} \rightarrow 4.54+86.77≒91.32$

 パート1 1年後の金利部分
   現在価値は4.54万円 （5万円÷1.10）

 パート2 2年後の金利＋元本部分

パート2の現在価値は105万円÷1.10÷1.10≒86.77万円

パート1+パート2＝4.54万円+86.77万円≒91.32万円

金利が1%になっていたら、次のように考えられます。

$$P=\frac{c}{1+r}+\frac{c+100}{(1+r)^2} \rightarrow P=\frac{5}{1+0.01}+\frac{5+100}{(1+0.01)^2} \rightarrow 4.95+102.93 ≒ 107.88$$

 パート1 1年後の金利部分
    現在価値は4.95万円 （5万円÷1.01）

 パート2 2年後の金利＋元本部分
    パート2の現在価値は105万円÷1.01÷1.01＝102.93万円

パート1+パート2＝4.95万円+102.93万円＝107.88万円

以上の結果をひとつの表にまとめたのが、図表3-6です。

　残存が1年のときに比べて随分と価格の変動が大きくなっていることがわかります。最初に買ったのが4年物の債券で、1年後に残存3年の債券を売却した場合も、計算作業は複雑になりますが考え方は同じで、スマホについている電卓機能で十分にできるレベルです。

図表3-6　投資リターンのまとめ：応用編

| 1年後の2年金利 | 5% | 10% | 1% |
|---|---|---|---|
| 2年後の105万円の現在価値 | 95.23万円 | 86.776万円 | 102.93万円 |
| 1年後の5万円の現在価値 | 4.76万円 | 4.5454万円 | 4.95万円 |
| すでにもらった金利 | 5万円 | 5万円 | 5万円 |
| 合計 | 105万円 | 96.32万円 | 112.88万円 |
| 1年物で運用した場合との差 | ±ゼロ | −8.68万円 | +7.88万円 |

## ❹ デュレーションの概念

**デュレーション**も債券に関わるうえでもっておきたい基礎知識ですが、教科書を読むとここでもわかりにくい式が出てきます。英語の辞書には「存続期間」となっていますが、債券の長さに関係しているようにみえます。5年満期の債券であれば5年ということでしょうか。もし期中で金利を一切払わなければ5年でいいわけですが、手前で金利が支払われるため、加重平均すると少し短くなります。

たとえば、5年で毎年5％ずつ金利が支払われるとすると、キャッシュフローは図表3−7のようになり、投資金額は100万円、金利の合計は25万円です。

これの平均回収期間を計算すると、次の計算式から4.6年が割り出せます。
$(1 \times 5 + 2 \times 5 + 3 \times 5 + 4 \times 5 + 5 \times 5 + 5 \times 100) \div 125 = 575 \div 125 = 4.6$年
金利が10％であれば、4.33年になります。
$(1 \times 10 + 2 \times 10 + 3 \times 10 + 4 \times 10 + 5 \times 10 + 5 \times 100) \div 150 = 650 \div 150 = 4.33$年
ゼロ％のときは、5年です。
$(1 \times 0 + 2 \times 0 + 3 \times 0 + 4 \times 0 + 5 \times 0 + 5 \times 100) \div 100 = 500 \div 100 = 5$年

図表3-7　キャッシュフローの流れ

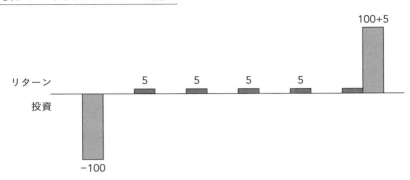

　デュレーションといわれたら、「おおよそ債券の満期と同じで、金利が高くなってくると短くなっていくもの」と理解しておいて基本的には間違いないでしょう。

## 5　価格感応度としてのデュレーション

　デュレーションの使われ方として大きいのが、債券の**価格感応度**です。これは、金利がある単位動くと債券の価格はどれくらい動くのかという話です。

　先の2年物の例を使って（図表3-6の再掲）、残存2年の場合の金利の変化と価格の変化の関係をみてみます。

　金利が5%上がったら、債券価格は8.68%下落
　金利が4%下がったら、債券価格は7.88%上昇

　2年物の場合は金利が動いた分の倍くらい価格が変動していることがわかります。つまり、「期間が2倍になると、金利が同じだけ動いても、債券の価格の変動幅もだいたい2倍になる」ことがわかります。乱暴にいえば、もし10年債であれば、金利が1%上がると債券の価格は10%下がってしまうことになります。

図表3-6　投資リターンのまとめ：応用編(再掲)

| 1年後の2年金利 | 5% | 10% | 1% |
|---|---|---|---|
| 2年後の105万円の現在価値 | 95.23万円 | 86.776万円 | 102.93万円 |
| 1年後の5万円の現在価値 | 4.76万円 | 4.5454万円 | 4.95万円 |
| すでにもらった金利 | 5万円 | 5万円 | 5万円 |
| 合計 | 105万円 | 96.32万円 | 112.88万円 |
| 1年物で運用した場合との差 | ±ゼロ | −8.68万円 | +7.88万円 |

　ただ、大体であって期間が2倍になっても完全に2倍にはなっていません。上の例を見ても4%下落の場合は、7.88%ですので4%×2＝8%よりも小さいです。

　デュレーションとは、この金利と値段の関係を表したものなのです。ためしに、金利5%で2年物のデュレーションを計算すると1.91年くらいになります。

　これを使ってみると4%×1.91＝7.64%になって、まあまあ近くなります。

　このように「金利が動いたら、債券価格はどれくらい動くか」を推定するうえで便利な数字でもあります。ただ、価格変化の特性上、完全に同じではなく、変化があまり大きくないときに使える指標です。

　このようなことを理解しておくと、たとえば金融機関が100億円くらい債券を持っているとして、A銀行は平均デュレーションが5年、B銀行の平均デュレーションが10年であれば、金利が1%上昇すると、A銀行には5億円の評価損が、B銀行は10億円の評価損が発生することがわかります。

　危ない度合いをみるうえでの参考になるのです。

　このあたりのことを理解していないと、「国債を100億円もっているA銀行、

ただし満期は1年」と「国債を100億円もっているB銀行、ただし満期は10年」が同じくらいの金利リスクを抱えていると思ってしまう可能性があります。それは大変な間違いで、「国債を100億円もっているA銀行、ただし満期は1年」と「国債を10億円もっているB銀行、ただし満期は10年」、この組み合わせくらいでようやく同じくらいの金利リスクということになります[16]。

なお、デュレーションに関しては、細かい式はとりあえず横に置いて、下記の3点を覚えておくと実務上スムーズです。

- 債券の満期までの年数よりも少し少ない数字になる
- 金利が高いときのほうが、満期との差が大きくなる
- 満期までの時間が長いほうが、満期との差が大きくなる

---

[16] パラレルシフトといって、1年金利と10年金利が同じくらいの幅で変動すると仮定した場合の話である。

COLUMN

## デュレーションを数式で理解したい人のために

プロセスを詳細に理解したい人のために、数式も紹介しておきます。こちらはご興味のある方のみ読んでください。

時間の加重平均を計算しただけでは、価格の金利感応度を計算するときに不正確になるので、現在価値ベースでの時間加重平均を計算します。これはマコーレーのデュレーションといいます。式にすると以下のようになります。

$$\mathrm{Dmac} = \frac{\frac{c}{(1+r)} + 2 \times \frac{c}{(1+r)^2} \cdots n \times \frac{(c+100)}{(1+r)^n}}{\frac{c}{(1+r)} + \frac{c}{(1+r)^2} + \frac{(c+100)}{(1+r)^n}} \quad (\mathrm{i})$$

ややこしいことをしているようにも見えますが、分子は毎年もらえるお金の現在価値に年数を掛けているだけです。

式（i）の分母は債券の値段そのままなので、債券価格を表すPに置き換えることができます。

$$\mathrm{Dmac} = \frac{\frac{c}{(1+r)} + 2 \times \frac{c}{(1+r)^2} \cdots n \times \frac{(c+100)}{(1+r)^n}}{P} \quad (\mathrm{ii})$$

なお、金利が変化したときの債券価格の変化率が知りたいので、金利が$\Delta r$だけ動いたときの価格変化を計算します[17]。

$$P(r+\Delta r) - P(r) \approx \frac{\partial P}{\partial r} \times \Delta r \quad (\mathrm{iii})$$

ただし、これでは債券価格の絶対値の変化になってしまうので、割合を示す

---

[17] ここで≈をつかっているのは、「ほぼ同じ」という意味を指す。この式は値段の変化を直線で近似しようとしているため、金利の変化がとても大きくなってしまうと不正確になるが、通常は無視してもいい。そのあたりまで正確にしようとするとさらに式が複雑になるが、複雑になったほどにはメリットが少ない。なお、Δとは増分記号のことで、変数の微小な増加を示し、デルタと読む。Δrと書けば「金利が少し上昇する」という意味である。

ために債券の価格で割ります。

$$\frac{P(r+\Delta r)-P(r)}{P(r)} \approx \frac{1}{P(r)} \times \frac{\partial P}{\partial r} \times \Delta r \qquad \text{(iv)}$$

つまり、金利が動いたときの債券価格の変化率は、次のように表せます。

$$\frac{1}{P(r)} \times \frac{\partial P}{\partial r} \qquad \text{(v)}$$

上記式において、$\frac{1}{P(r)}$ の部分は「債券の値段で割る」といっているだけなので除いて、残った部分の $\frac{\partial P}{\partial r}$ に注目します。

これは債券の価格を金利で微分するという作業になります。ここで高校レベルの数学が出てきますので、少し思い出してみましょう。

債券の値段は、次のように割り出せます。

$$P = \frac{c}{(1+r)} + \frac{c}{(1+r)^2} \cdots + \frac{c+100}{(1+r)^n} \qquad \text{(vi)}$$

これを金利1+rで微分します。社会人になるとあまり微分は見かけなくなりますが、レベル的には高校1年生で最初に勉強するレベルです。

$$\frac{\partial P}{\partial r} = -\frac{c}{(1+r)^2} - \frac{2 \times c}{(1+r)^3} - \cdots - \frac{n \times (c+100)}{(1+r)^{n+1}} \qquad \text{(vii)}$$

よく見ると、これはマコーレーのデュレーションの式（ii）に似ています。

ただ分子は似ていますが、微妙に違います。

式（vii）を $-\frac{1}{1+r}$ でくくれば、次のように表せます。

$$\frac{\partial P}{\partial r} = -\frac{1}{1+r} \times \left\{ \frac{c}{(1+r)} + 2 \times \frac{c}{(1+r)^2} \cdots n \times \frac{(c+100)}{(1+r)^n} \right\} \qquad \text{(viii)}$$

ここで改めて、式（ⅱ）を思い出してみましょう。

$$\text{Dmac} = \frac{\frac{c}{(1+r)} + 2 \times \frac{c}{(1+r)^2} \cdots n \times \frac{(c+100)}{(1+r)^n}}{P} \quad \text{(ⅱ)}$$

両辺にPをかけると次のようになります。

$$P \times \text{Dmac} = \frac{c}{(1+r)} + 2 \times \frac{c}{(1+r)^2} \cdots n \times \frac{(c+100)}{(1+r)^n} \quad \text{(ⅸ)}$$

つまり、式（ⅷ）と式（ⅸ）から、以下が成り立ちます。

$$\frac{\partial P}{\partial r} = -\frac{1}{1+r} \times P \times \text{Dmac} \quad \text{(ⅹ)}$$

そもそも知りたかったのは、式（ⅴ）で表した債券価格の変化率 $\frac{1}{P(r)} \times \frac{\partial P}{\partial r}$ ですから、式（ⅹ）をPで割ると（この場合P（r）とPは同じ意味）、次の式が導き出せます。

$$\frac{1}{P(r)} \times \frac{\partial P}{\partial r} = -\frac{1}{1+r} \times \text{Dmac} \quad \text{(ⅺ)}$$

金利が動いたら債券価格がどれくらい動くのかを知る式は、デュレーションを1+rで1回割ったものに、動いた金利を掛けて、プラスマイナスをひっくり返したものであることがわかります。

難しい計算をしているようですが、結局、5年の債券の場合に金利が1％上昇すると債券の値段が、1×5で5％くらい下がる、といっているのとあまり変わりません。

また、この手の数式でいつも思うことがあります。式（ⅵ）を思い出してください。最初に債券の価格を次のように定義して始まりますが……、

$$P = \frac{c}{(1+r)} + \frac{c}{(1+r)^2} \cdots + \frac{c+100}{(1+r)^n} \quad \text{(vi)}$$

　そもそもその前提自体に無理がある（全部の期間の金利が同じで、かつ同じ金利で複利で現在価値を考えているところ）ので、これを微分したところで、結局、正確にはならないと思います。

　それでも、実務にはあまり影響がありません。それは、市場参加者が基本的に同じ式で計算しているからです。金利がどれくらい上がるか下がるかさえ間違えなければ、そのモデルが絶対的な価値の計算方法としてふさわしいかどうかはそれほど重要ではありません。

# 第4章 発行プロセスと投資家保護

本章では、実際に社債の発行がどのような手続きを経て行われるのかをみてみましょう。まずは発行に携わる人たちから説明します。

## 1 社債発行に関わるプレーヤー

社債を買う人が個人投資家で、社債を発行する人が大きな企業とすると、お金を借りる人と貸す人との間には随分と距離がありそうです。個人投資家が大企業の受付に行って、「おたくの社債買うから発行してください」といっても通常は受け付けてくれません。

### 1 証券会社の基本的な3部署

では、実際にはどのような手順で会社の発行した社債が個人投資家の手に渡るのでしょうか。

図表4-1のとおり、基本的に発行体と投資家の間に証券会社が入ります。証券会社の中にもいろいろな機能がありますが、社債発行に関しては、大きく3種類の部門が関係します。企業ごとに担当が決まっている営業窓口と、社債の引受作業の実務を担当する部門と、投資家に販売する営業部門です。投資家担当営業とその他2部門との間には、越えられない壁である「チャイニーズ・ウォール」があり、情報が遮断されています（詳細は66ページのコラム参照）。

図表4-1　証券会社のチャイニーズ・ウォール

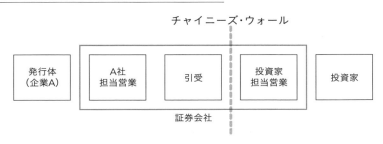

　発行体（企業）と引受の間に担当営業が入っているのは一見、無駄にもみえますが、これは社債以外の商品も含めて営業する、その企業専門の営業担当者です。

　というのも、証券会社が扱う商品には株式や債券だけでなく、M&Aのような買収支援もします。企業側も、株を発行したり、債券を発行したり、会社を買収したりするニーズごとに証券会社の担当者が変わるのは面倒ですから、いわば"御用聞き"のようにその企業のニーズをなんでも聞いてくる総合窓口が担当営業というわけです。証券会社にとって顧客に当たる企業ごとに担当者がいて、全体的な関係を管理するというような意味から「**リレーションシップ・マネージャー（RM）**」などと呼ばれます。部署名としては、「**事業法人部**」と呼ばれる場合が多いようです。ほかに「**バンカー**」とも呼ばれます。

　ある企業の財務部門に足繁く通うバンカーが資金調達や財務戦略の相談にのっているうちに、社債で資金調達をしてはどうか、という話になったら、バンカーが引受部門の担当者のところに行って、具体的なアイデアを検討します。社債の引受部門は多くが、資本市場を使って株式ではなく債券でお金を調達するのを手伝う部署、という意味で「**デット・キャピタルマーケット部**」と呼ばれています。デットは債務、キャピタルマーケットは資本市場という意味です。名称が長いので、頭文字をとって「**DCM**（ディーシーエム）」とも呼ばれます。

　社債で資金調達することになれば、発行タイミングはいつがいいのか、どん

な投資家が買ってくれそうか、金利はいくらくらい払わないといけないか、どれくらいの年限の社債にしたらいいか、といった点について専門部署であるDCM部の担当者と相談します。そこから話を先に進めようとするぐらいのタイミングで、ほとんどの場合は"ベイクオフ"[18]になります。社債を引き受けたい証券会社が順番にプレゼンテーションして、発行体である企業が一番気に入った証券会社を選びます。

　証券業務において社債の引受の中心的な役割を務めることを「**主幹事になる**」といいますが、証券会社の担当者としては、主幹事に選ばれることは栄誉なだけでなく手数料など収益面も優遇されるため、主幹事獲得を目指してがんばることになります。なお、主幹事は1社でなければならないということはなく、複数社が選ばれることもあり、**共同主幹事**と呼ばれます。そして、なかでも主導的な立場の会社は事務主幹事と呼ばれ、発行目論見書の一番上の左側に会社名が記載されることから**トップ・レフト**と呼ばれます。事務主幹事は基本的に引き受ける債券の額も一番多く、主幹事証券間の調整役となることもあります。その意味では、事務主幹事となることが一番の誉れということになります。トップ・レフトという言葉は小説のタイトルにもなりました[19]。

　ベイクオフが始まると、引受の担当部署が前述のプレゼンをするためにバンカーと一緒に会社を訪問します。プレゼンの席には多くの場合、事業法人部長や、DCM部長などの管理職、調達額によっては担当役員などが同席します。プレゼンの質と出席者のタイトルは直接関係がありませんが、役員まで連れてきた証券会社は落としにくいという心理的効果も否定できないので、証券会社が地位の高い人間を同席させることにより、発行体に対して真剣さをアピールすることができます。ただし、そういうアプローチを好まない会社もあるので、そのあたりの読みは日頃発行体とのリレーションをつくっているバンカーの腕の見せどころでもあります。

　プレゼンでは、どの会社が、いつのタイミングで、どれくらいの金額を、どれくらいの金利で発行したら、どれくらい売れるかという需要をきちんと読み、それをベースに一番よいと思う提案をします。

---

[18] 現在は「ベイクオフ」という表現を用いることが多くなったが、今でも"ビューコン（ビューティーコンテスト）"という表現を用いることがある。ただ、この表現は女性蔑視的要素を含むという指摘があり、注意したい。
[19] 黒木亮　『トップ・レフト　ウォール街の鷲を撃て』角川書店。

## 2 シンジケーション

　ここで悩ましいのは、企業（お金を借りる側）と投資家（お金を貸す側）の利害が一致しないことです。

　借りる側からすれば、金利は低いに越したことはなく、貸す側からすれば、金利は高いに越したことがありません。間に入った証券会社は販売しやすくするために金利を高めにしようとすれば、会社から「お前はどっちの味方なんだ」と怒られ、主幹事をとりやすいように金利を低めに設定しようとすれば、投資家から怒られます。そうこうしていると、いつまでたっても発行条件が決まらないことになります。

　そこで実務の世界では、もうひとつの部署が登場します。利害の合わない引受と販売部門の間に立って、値段の調整をする係です。多くの場合、**シンジケーション**と呼ばれ、引受業務を円滑にするために非常に重要な機能です（図表4-2）。社内の調整業務が中心のため、複雑な人間関係を調整できる能力をもった人が配属される傾向があります。なお、シンジケーションには社内だけではなく、他の証券会社との調整をする仕事も含まれます。

　シンジケーションのもつ一番大事な機能は、その社債を引き受けるかどうか最終判断する権限です。前述のように、引受部門も事業法人部門も、立場上

図表4-2　シンジケーションの中立的な位置づけ

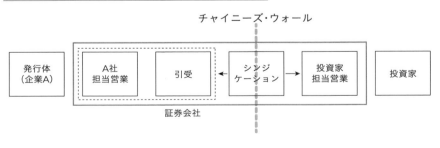

どうしても発行体側のスタンスになる一方、販売側は販売しやすさを重視しがちです。したがって、どちらの立場が強くても、引受証券会社にとってマイナスの結果を生みかねません。そこで双方の条件を考慮したうえで、最終的にその引受を行うかどうか中立的な立場で決める部署が必要なのです。

　また、社債発行に際して証券会社が間に入るわけですが、単なる仲介業務をするわけではなく、リスクをとります。実は、社債の発行に際しては、証券会社は基本的にその債券をいったん自社で引き受け、みずから発行体である企業にお金を貸すのです。そして、買い取った債券をあとから投資家に売ります。なぜそんな販売方法をとるかといえば、売れた分だけ社債を発行できる条件にしてしまうと、発行体側の調達額の見通しが狂ってしまうからです。商慣習上、発行体にとって利便性の高いほうが証券会社としても主幹事を獲得しやすいため、基本的に証券会社が全部引き取ります[20]。このプロセスにおいて、引き受けた債券が売れ残るリスクに対する責任もシンジケーション部門がとることになります。

　実際に引受契約を会社とする場合も、細かい金利まで完全に決めるわけではなく、〇〜〇％という幅を示して決めます。発行するときになって最後の最後に、そのときの市場の状況などを考慮して金利が決まります。金利の幅については、発行する会社の信用力や規模にもよりますが、100分の5 〜 10％ = 0.05 〜 0.1％程度と、かなり狭くなっています。
　なお、社債の発行は取締役会の決議事項であり、担当取締役の一存で決めることはできません。発行担当部署は、取締役会の承認を得る手続きを忘れないようにしましょう。

## 3 社債管理者

　社債の発行に際しては、お金の借り手である発行体が元気なうちは問題なく

---

[20] これは国内の発行体が発行する普通社債の場合で、サムライ債については、Size to sell といって、売れた分のみを発行額とする商慣習がある。
[21] 702条によると、「会社は、社債を発行する場合には、社債管理者を定め、社債権者のために、弁済の受領、債

利払いや弁済（償還）が進みます。しかし倒産しそうな場合、債権者である投資家がみずから裁判所や管財人とやり取りして回収を図ったりするのはとても大変ですし、専門知識も必要です。そもそも他の債権者が誰なのかもわからないなか、債権者集会でどんな議論や主張をすべきかもわかりづらいものです。大きな金融機関やヘッジファンドのような投資のプロ集団で、法務部や顧問弁護士を抱えて、法的な対応も十分できる場合はいいでしょう。しかし、広く投資家を募集するのが公募社債なので、対応が十分でない投資家が存在することが発行の前提となっています。

そういった背景を踏まえて、会社法702条[21]で、社債の発行に際して**社債管理者**を設置することが義務付けられています。社債管理者は個人ではなく基本的に銀行か信託銀行が務めるので、実務的には「社債管理会社」です。主な仕事のひとつは「**弁済の受領**」で、社債の場合、通常は発行体が支払った金利や償還金は証券会社の預かり口座に振り込まれるため、投資家が発行体からお金を受領するために特別な作業をする必要はありません。一方、「**債権の保全その他の社債の管理**」といって、デフォルトしてしまったときに社債管理会社を設置していない場合は、すべての決定について社債権者集会を開かなければなりませんが、社債管理者がいれば善管注意義務の下で社債権者に代わって適切に行動・判断してくれます。

ところが、社債管理者は原則的に不設置のケースが多いのが実態です。管理者に求められる責任が重く、割に合わないのと同時に、管理者に払う手数料が高いことがその主な理由のようです。ただし、設置しないことが認められているのは額面1億円以上、つまり、最低でも1口1億円でないと投資できない場合に限られていますので、個人向けの社債では基本的に設置されます。

---

権の保全その他の社債の管理を行うことを委託しなければならない。ただし、各社債の金額が一億円以上である場合その他社債権者の保護に欠けるおそれがないものとして法務省令で定める場合は、この限りでない」とある。

COLUMN

## チャイニーズ・ウォール、投資銀行、バンカー

　これまで出てきた用語のうち、実態をイメージしづらい「チャイニーズ・ウォール」「バンカー」「投資銀行」について少し説明を加えておきます。

**チャイニーズ・ウォール**

　チャイニーズ・ウォールとは万里の長城のことで、すなわち"越えられない壁"です。証券会社の中で、引受部門と販売部門の間で情報を遮断することを、こう称します。

　チャイニーズ・ウォールは、もとは株価に影響が出るような情報の漏洩を防止するためのものでした。画期的な新商品を発明した、大きい買収をすることになった、不正会計が発覚して巨額損失がもうすぐ公表される、といった場合です。この手の情報（企業内部者しか知りえないインサイダー情報）を事前に知っていれば、ほぼ確実に株式投資で儲けることができるでしょうが、明らかに不公平ですので、このような情報を事前に入手した人が株式の売買を行うことは法律で禁止されています。

　それほど重要な情報は当該企業内だけで秘密にしておけばいいのですが、企業買収をしようとか、新規に株式を発行しようとすると証券会社に相談せざるを得ません。そうなると証券会社の特定の部署にはインサイダー情報が確実に入ってしまいます。昔はこの手の情報の扱いが緩い時代もありましたが、現在では非常に厳しく情報統制されており、違反した場合は非常に厳しい罰則が科されます。

　こうした管理の厳格化のなかで、債券の領域でもインサイダー情報の管理は

大変厳しくなっています。債券の発行は会社が借金をすることですので、特に償還資金の借り換え用の発行や、銀行借入を債券に変更するだけのような場合では、株価が動きようがありませんが、資金使途が大きなM&Aかもしれないということもあり、債券の発行も規制の対象になっています。

　この点に関して、倒産情報でもない限り厳格に規制しなくてもいいのではないかという意見もありますが、厳しい方向で規制するのが世の趨勢でもあり、証券会社においては物理的に引受部門と営業部門は隔離されています。引受部門には常に鍵がかかっていて、インサイダーでない部署（公ということからパブリック部門などと呼ばれます）の人は入室できません。実務上で株価に影響があるかないかにかかわらず、インサイダー情報と認定された情報をパブリック部門の社員がさわろうものなら、ほぼ確実に解雇され、かつ金融界では二度と就職することもできなくなると考えていいでしょう。

**投資銀行**

「投資銀行」というと洗練されて聞こえますが、証券会社と同義と考えて問題ありません。投資銀行という言葉は日本の会社法には出てこず、正確な定義もありませんが、大きいお金が動く企業買収のような案件を「投資銀行業務」と呼んだりします。とはいえ、企業買収などをせずに地道に個人投資家相手に株式や投資信託の販売をしているような証券会社は投資銀行ではない、ということでもありません。つまり、投資銀行業務の定義も曖昧であり、商慣習として、社債や株式の引受など、企業のファイナンスに関わるような案件を投資銀行業務と呼ぶのが今は一般的です。

　その意味では、チャイニーズ・ウォールの内側が投資銀行業務という感じでしょうか。投資銀行（Investment Bank）は略して「IB（アイビー）」とも呼ばれます。大きい金額の案件を扱っているからといって、偉いわけでも知的に高度な作業をしているわけでもありませんが、名称が格好いいと担当者もなんとなく嬉しいのは事実で

すので、業界では融資をするわけでも預金を受け入れるわけでもない証券会社が自分たちのことを投資銀行と呼び続けています。

**バンカー**

　バンカーと聞くと「銀行家」をイメージするのが普通ではないでしょうか。証券会社の顧客企業の営業担当者をバンカーと呼ぶのは違和感があります。ただ、欧米では、インベストメントバンカーを"バンカー"と呼びます。日本でも「証券会社で営業やってます」というよりは、「投資銀行でバンカーをしています」というほうがなんとなく格好いい仕事をしている感じがするのも事実です。一般に「証券会社の営業」というと質素な色のスーツを着て地道に仕事をしている印象があるのに対し、バンカーというと高級なスーツを着てスイス製の高級時計をしているような華やかな印象があるのではないでしょうか。

## 2 社債の値段の決まり方

そもそも「社債の値段」とは何なのでしょうか。すでに説明したように、社債は債券の一種ですので、発行している企業の信用力に関係なく、金利が上がったり下がったりすると社債の値段は変化します。これは日本国債についてもいえることです。

それとは別に発行体固有の事情で値段に影響する部分があります。発行体の信用力などを考慮して、リスクフリー金利（後述）に「上乗せされる部分」です。

つまり、社債の値段とは金利水準の変動による、発行体固有の事情とは関係なく動く部分と、発行体固有の事情で動く部分に分解することができます。

社債の値段 ＝ 発行体固有の事情とは関係なく動く部分
　　　　　　 ＋ 発行体固有の事情で動く部分

発行体固有の事情とは関係なく動く部分は、どの債券にも共通しているため、「社債の値段」というと「発行体固有の事情で値段に差がつく部分」のことを指すことが多くなります。つまり、リスクフリー金利[22]に「上乗せされる部分」が社債の値段であると考えることができます。したがって「社債の値段の決まり方」とは「社債の上乗せ金利の決まり方」と言い換えることができます。

実務においても以下のような会話がなされます。

甲　「A社の5年債、去年は60だったのに、今は15だってさ。随分タイトニングしたね」
乙　「金融緩和も進んだし、企業業績もいいし、投資家も運用難だから仕方ないんじゃないの」

---

[22] 倒産の心配のない発行体の払う金利のことで、国債の金利を指す。信用リスクが入っていないことを強調するために、あえてリスクフリーと呼ぶ。

甲の会話を翻訳すると、「満期までの残存期間が5年あるA社の社債のリスクフリー金利（国債利回り）に上乗せされる金利は年率0.6％だったのに、今はその上乗せ分が0.15％になっている。随分と上乗せ金利部分が縮小しましたね」となります。社債の値段として、上乗せ金利が用いられていることがわかります。

## 1　プライマリー（発行）市場

まず、**プライマリーマーケット**（発行市場）における上乗せ金利がどのように決まるか考えていきます。

個別の事情で、上乗せされる部分はさらに2つに分けることができます。
信用リスク（クレジットスプレッド）と、流動性の要素（流動性プレミアム）です。

社債の上乗せ部分＝クレジットスプレッド　＋　流動性プレミアム

**クレジットスプレッド**は、発行体がどれくらい倒産しやすいかというリスクに対してリスクフリー金利に上乗せされる部分です。
　実はこれをいくらに設定すべきかが、大変複雑かつ重要な点です。金融工学を駆使した理論値や価格モデルがあり、いずれもそれほどの複雑な計算をしないと答えが得られないのだろうかと思うような数式が並んでいます。とはいえ、式が複雑になっているだけで考え方はそれほど難しいものではありません。算出すべきは、倒産することによって損する額の期待値と上乗せ金利が同じになる均衡点です。

　たとえば、会社A社が1年の債券を額面100万円で発行したとします。このとき、A社の1年後の倒産確率が1％とします。倒産して全損になると1円も回収できないため、損の期待値は1万円です。上乗せ金利が1％であれば、理屈のうえでは均衡することになり、投資家からすれば、上乗せ金利が1％を超

えていれば買ってもよいと判断できます。

　しかし、世の中そんなに単純ではありませんし、もし1銘柄だけしか投資せず、運悪くその会社が倒産してしまったら（100枚のうち1枚だけある外れくじを引いたようなもの）、投資額のすべてを失って、投資としては最悪の結果となります。金利の上乗せ分が1％だったなどといっても何の役にも立ちません。

　先の例では理論値的には正しいのですが、実務上は博打性が高すぎるので、もう少し実用的な事例にしてみましょう。
　倒産確率が100分の1の銘柄を、100銘柄買います。1銘柄100万円として合計1億円。つまり、1年後には生き残った99社から金利を合計で99万円もらえる計算になります。そして1社は倒産するので、損失が100万円。すると当初1億円投資して、1年後には9900万円の元本と99万円の金利で合計9999万円、それにリスクフリーの分の金利はもらえますので、最初から1億円分の国債を買っていたのとほぼ同じ結果となります。
　あとは、倒産の確率は本当に100分の1でいいのか、世の中全体の景気が悪くなって1社だけでなく、もっとたくさん同時に倒産してしまうのではないか、また回収率はゼロではなくて少しは回収できるのではないか、今は景気サイクルのどの局面にいるのかを見定めてそれを反映させようといった細かい要素を加味してモデルを調整していくと、どんどん複雑になっていくわけです。複雑なモデルを否定するわけではもちろんありませんが、どんなに精緻に計算しようとしても、あまり精度は上がらないという印象をもっています。結局のところ、クレジットスプレッドに関しては、複雑な数理モデルを理解できなくても、気にすることはありません。

　倒産リスクの上乗せ分を乗せたあとは、**流動性プレミアム**を検討します。これは換金性ともいい、社債の売りやすさを示したものです。平和なときは社債を売却して現金にすることは比較的容易ですが、何か大きな事件、たとえばリーマンショックが起きたときなどは、社債を売却して現金化することが非常に困難

になりました。特に格付が低いなど、投資家の人気のない銘柄では、いざ換金しようとすると足元を見られて、売り値が非常に低くなってしまうことがあります。その点、国債などは流動性が高いため、換金にかかる追加コストは非常に低くて済みます。社債で、特に信用力が低く、さらに満期までの時間が長いものとなると流動性が大きく低下しますので、発行するときもそのあたりのことを考慮して値段が決められます。

　以上が、ひととおりの教科書的な説明ですが、実際はすでに発行している同業種の上乗せ金利や同じような格付の発行体と比較して相対的に決められます。
　発行体にも当然ながら体面というものがあります。社債の発行コストは、その発行量やタイミング、期間などによって需要はさまざまですから、仮に財務の健全性が同様な会社が発行しても同じ金利で決まるわけではもちろんありません。しかしながら、発行体としては各社プライドがあり、少なくとも同業他社で自社よりも格付の低い会社の発行金利よりも高い金利で、社債を発行したいと思わないものです。
　社債の発行に際しては、それを調達するために発行体がいくら金利を払ったか、基本的に公表されてしまうため、発行体である事業会社の担当者は特に気を使います。その手のことは経営トップへの報告事項ともなるからです。
　新発債の発行は1年を通してコンスタントに行われていますので、その業種や格付、年限、発行金利に関するデータは豊富にあります。このため、新発債の金利を決めるとき、事実上は最初からかなり狭い価格レンジが決まっていると考えていいでしょう。
　しいていえば、まったく市場に初登場するような銘柄や新しいしくみの債券（資本性を高めるために株の要素が入っていたりするようなものなど）が出てきたときはいくらにするのかについて、長い時間をかけて発行における金利水準を探す、という作業をします。最初の債券は同様の債券が次に発行されるときに大いに参考にされますので、特に重要となります。このあたりは、前述したシンジケーション部の腕の見せどころです。

## 2 セカンダリー（流通）市場

　一方、**セカンダリーマーケット**（流通市場）となると、状況はかなり違ってきます。プライマリーマーケットの場合はいくら金利を払うかについては発行体の許可を得なければなりませんが、セカンダリーにおいて、すでに債券を保有している投資家が他の投資家や証券会社にいくらで転売するかは、発行体は直接関わりません。

　こちらは需給のみで金利が決まります。金融緩和の一環で、中央銀行が高く買ってくれるとわかっていれば、マイナス金利でも買われますし、悪いニュースが出て、人気がなくなると当面の資金繰りにはまったく問題がなくても、大幅に下落したりします。

　発行体の信用リスクに対して、リスクフリー金利に上乗せされる部分をクレジットスプレッドと呼ぶことは前述の通りですが、発行体の信用力が向上して、上乗せ部分が少なくなることを「**タイトニング**する」、上乗せ部分が少なくなっている状態は「スプレッドがタイトである」と言います。逆に信用力が悪化して、上乗せされる部分が大きくなることを「**ワイドニング**する」、上乗せ部分が大きくなっている状態を「スプレッドがワイドである」といいます。

　流通市場において社債の価格がどのような要素に影響されるのか、日本における価格形成の特徴は何かといった点については、第2部の投資戦略で詳しく説明します。

# 3 格付から読み取れること

　社債にとって格付は非常に重要です。格付は、発行市場においても、流通市場においても、社債の価格に大きな影響を与えます。社債の格付とは、社

図表2-2　格付の等級

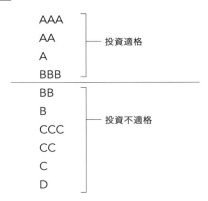

債を発行している国や企業が倒産してしまうリスクについて、専門の会社が、そのリスク度合いを記号にして付与するものです。

　日本の社債市場で主に利用されている格付会社は国内系では**R&I**（格付投資情報センター）と**JCR**（日本格付研究所）の2社、海外系では**S&P**（スタンダード・アンド・プアーズ）、**ムーディーズ**、**フィッチ**の3社、合計5社があります。
　リスクの記号による表示方法は各社とも似通っていて、アルファベットのAからDまでを組み合わせて行います。
　主に図表2-2（再掲）のような体系となります。上から下にいくにつれて倒産確率が高いとみなされます。
　そして、各カテゴリーごと[23]にプラス、フラット、マイナスとさらに3段階に分類されます。たとえばAAであれば、AA+（ダブルエープラス）、AA（ダブルエーフラット）、AA-（ダブルエーマイナス）という具合です。

　これらのカテゴリーにおいて、BBB以上を投資しても安心な「投資適格」とし、BB以下になると、安心して投資できない「投資不適格」もしくは「投機的」と見

---

[23] 図表4-3の例では、プラス、マイナスが付されるのはAAからCCCまでの格付である。

## 図表4-3 S&Pの長期格付

| カテゴリー | 定　義 |
|---|---|
| AAA | 当該金融債務を履行する債務者の能力は極めて高い。S&Pの最上位の個別債務格付け。 |
| AA | 当該金融債務を履行する債務者の能力は非常に高く、最上位の格付け(「AAA」)との差は小さい。 |
| A | 当該金融債務を履行する債務者の能力は高いが、上位2つの格付けに比べ、事業環境や経済状況の悪化の影響をやや受けやすい。 |
| BBB | 当該金融債務履行のための財務内容は適切であるが、事業環境や経済状況の悪化によって当該債務を履行する能力が低下する可能性がより高い。 |
| BB、B、CCC、CC、C | 「BB」、「B」、「CCC」、「CC」、「C」に格付けされた債務は投機的要素が大きいとみなされる。この中で「BB」は投機的要素が最も小さく、「C」は投機的要素が最も大きいことを示す。これらの債務は、ある程度の質と債権者保護の要素を備えている場合もあるが、その効果は、不確実性の高さや事業環境悪化に対する脆弱さに打ち消されてしまう可能性がある。 |
| BB | 他の「投機的」格付けに比べて当該債務が不履行になる蓋然性は低いが、債務者は高い不確実性や、事業環境、金融情勢、または経済状況の悪化に対する脆弱性を有しており、状況によっては当該金融債務を履行する能力が不十分となる可能性がある。 |
| B | 債務者は現時点では当該金融債務を履行する能力を有しているが、当該債務が不履行になる蓋然性は「BB」に格付けされた債務よりも高い。事業環境、金融情勢、または経済状況が悪化した場合には、当該債務を履行する能力や意思が損なわれやすい。 |
| CCC | 当該債務が不履行になる蓋然性は現時点で高く、債務の履行は、良好な事業環境、金融情勢、および経済状況に依存している。事業環境、金融情勢、または経済状況が悪化した場合に、債務者が当該債務を履行する能力を失う可能性が高い。 |
| CC | 当該債務が不履行になる蓋然性は現時点で非常に高い。不履行はまだ発生していないものの、不履行となるまでの期間に関わりなく、S&Pが不履行は事実上確実と予想する場合に「CC」の格付けが用いられる。 |
| C | 当該債務は、不履行になる蓋然性が現時点で非常に高いうえに、より高い格付けの債務に比べて優先順位が低い、または最終的な回収見通しが低いと予想される。 |
| D | 当該債務の支払いが行われていないか、S&Pが想定した約束に違反があることを示す。ハイブリッド資本証券以外の債務については、その支払いが期日通り行われない場合、猶予期間の定めがなければ5営業日以内に、猶予期間の定めがあれば猶予期間内か30暦日以内のいずれか早いほうに支払いが行われるとS&Pが判断する場合を除いて、「D」が用いられる。また、倒産申請あるいはそれに類似した手続きが取られ、たとえば自動的停止によって債務不履行が事実上確実である場合にも用いられる。経営難に伴う債務交換(ディストレスト・エクスチェンジ)が実施された場合も、当該債務の格付けは「D」に引き下げられる。 |
| NR | 格付けの依頼がない、格付けを確定するには情報が不十分である、またはS&Pが方針として当該債務に格付けを付与していないことを表す。 |

出典:S&P

なされます。その境目は、BBBとBBより、AとBBBの間のほうがわかりやすそうですが、単なる定義ですので、そういうものとして覚えておきましょう。

また、格付には短期と長期があります。短期格付は当初の満期が13カ月を超えないものに付与されますが、社債はそもそも年限が1年以上のものですので、長期格付が対象となります。社債の世界においては短期格付はほとんど使用されませんので、そういうものもあると知っていれば実務的には問題ありません。

そもそも格付はどういう基準で付与されているのでしょうか。図表4-3に示したとおり、分類の基準を見ても、あまり具体的にわかりません。この点について、社債を学ぶ際に戸惑うことが多いと思われます。

仮に、格付会社が算出した予想デフォルト率をもとに、たとえば5年累積ベースの想定倒産確率を割り出して、0％ならAAA、0〜0.1％ならAA、0.1〜0.2％ならA、0.2〜3％ならBBB……というふうに明確に定義されていたら、利用する側もわかりやすいでしょう。

しかし、発行体の将来の倒産確率をこれほどの精度で長期にわたって予測することは極めて困難です。倒産はマクロの経済環境に大きく影響されるため、環境の変化に応じて全体的に変動します。このため、格付の定義として特定の倒産確率を示すことはかえって無責任な行為になってしまうともいえます。

では、実際の格付がどのように付与されているかといえば、大量に存在する過去の格付データから相対的な位置を決めるという手法が取られています。

比較分析の際に用いられるスコアリング手法を簡略化して説明したのが図表4-4です。複数の格付要因ごとに得点を付け、要因ごとのウェイトを掛けた総合得点で格付レベルを決めていきます。すでに格付が付与されたすべての会社に得点がついているため、この手法によってかなり細分化された格付も付与できます。たとえば、同業種の2社を比較したとき、一方がシェアも、自己資本

図表4-4　格付マッピング表上の要因とウェイト

本格付手法のマッピング表は、5つの主要格付要因とそのウェイトから構成される。
主要要因には、さらに詳細を示すためサブ要因が含まれる。

| 格付要因 | 要因のウェイト | サブ要因 | サブ要因のウェイト |
|---|---|---|---|
| 規模 | 25% | 売上高 | 25% |
| 事業プロファイル | 25% | 製品・治療分野の分散 | 15% |
| | | 地理的分散 | 10% |
| 特許切れリスクとパイプラインの質 | 16% | 特許切れエクスポージャー | 8% |
| | | パイプラインの質 | 8% |
| レバレッジおよびキャッシュカバレッジ | 24% | 有利子負債／EBITDA | 9% |
| | | 営業キャッシュフロー／有利子負債 | 9% |
| | | 調整後現金・投資／有利子負債カバレッジ | 6% |
| 財務方針 | 10% | 財務方針 | 10% |
| 合計 | 100% | 合計 | 100% |

比率も、利益率も高く、業績も安定していて、財務レバレッジも低ければ、大概そちらのほうがよい格付がつきます。

　また、付与された格付から発行体の将来的な倒産確率は割り出せませんが、過去に付与された格付ごとの倒産確率は確認できます。一例が図表4-5で、S&Pによる、1981～2015年における日本の発行体（事業会社と金融）の累積デフォルト率です。こうしたデータは大変有用で、さまざまな経済サイクル下における長期にわたるデータが提供されているため、リスクを管理するうえで多くの金融機関に利用されています。
　これをみると、確かにBBBとBBを境にデフォルト率が急上昇しています。
　一方、AAAとAAカテゴリーでは5年間で1社もデフォルトしていません。このため、経過年数5年の倒産確率だけから、格付を付与することが難しいのはもちろん、いずれも倒産実績のないAAA、AA+、AA、AA-のどこに当ては

図表4-5　日本の発行体の累積平均デフォルト率（事業会社と金融、1981〜2015年、%）

| 格付け<br>カテゴリー | 経過年数 | | | | | | | | | |
|---|---|---|---|---|---|---|---|---|---|---|
| | 1年間 | 2年間 | 3年間 | 4年間 | 5年間 | 6年間 | 7年間 | 8年間 | 9年間 | 10年間 |
| AAA | 0.00 | 0.00 | 0.00 | 0.00 | 0.00 | 0.00 | 0.00 | 0.00 | 0.00 | 0.00 |
| AA | 0.00 | 0.00 | 0.00 | 0.00 | 0.00 | 0.00 | 0.00 | 0.06 | 0.24 | 0.43 |
| A | 0.00 | 0.00 | 0.00 | 0.05 | 0.19 | 0.37 | 0.65 | 0.93 | 1.17 | 1.45 |
| BBB | 0.15 | 0.51 | 1.04 | 1.60 | 1.90 | 2.17 | 2.17 | 2.17 | 2.17 | 2.17 |
| BB | 0.65 | 1.41 | 2.20 | 3.64 | 5.21 | 6.45 | 7.32 | 7.58 | 7.58 | 7.58 |
| B | 7.54 | 12.64 | 16.53 | 20.95 | 22.71 | 23.50 | 25.90 | 27.55 | 29.27 | 31.10 |
| CCC/C | 23.14 | 24.36 | 24.36 | 24.36 | 24.36 | 24.36 | 24.36 | 24.36 | 24.36 | 24.36 |
| BBB格以上 | 0.04 | 0.12 | 0.26 | 0.42 | 0.56 | 0.70 | 0.82 | 0.95 | 1.08 | 1.24 |
| BB格以下 | 2.95 | 4.64 | 6.04 | 8.04 | 9.58 | 10.68 | 11.82 | 12.37 | 12.76 | 13.21 |
| 全格付け | 0.31 | 0.55 | 0.81 | 1.15 | 1.43 | 1.68 | 1.90 | 2.07 | 2.24 | 2.43 |

（注）1カ月間の限界デフォルト率を用いて累積平均デフォルト率を算出
出所：S&Pグローバル債券リサーチ

まるか分類できないことがわかります。

　なお、格付については、「格付が良いほど、優れた会社である」という印象をもつかもしれませんが、あくまで「倒産しやすさ、相対的な信用リスクを示すランキング」を示すもので、経営の優秀さを示すものではありません。格付記号の意味合いについては森田隆大氏の著書『格付けの深層』（日本経済新聞出版社、2010年）も参考になります。「格付けは相対的な信用リスクを示すランキングであり、デフォルト率や予想損失の絶対値を測定するものではない」「格付けはその定義で示されているように、発行体の債務履行能力に対する意見であり、債券投資に関するそれ以外のリスク要因は一切考慮されていない。（中略）したがって、格付は投資判断をサポートする材料にすぎず、債券の購入、売却・保有を勧める意見ではない。また言うまでもないが、格付は発行体の成長性、

技術力、ブランド価値、業界内の地位といった、債務履行の力以外の要因に対する評価でもない」とあります。

　業績が良く、経営も安定していて財務が健全な会社は確かに倒産しにくいですが、レバレッジを下げ過ぎてROEが低くなっている恐れもあります。格付が会社そのものの評価でないことは理解しておきましょう。また、過去の実績では「投資不適格」にあたるBB以下で倒産確率が急上昇している事実はあるものの、何が投資適格かは、投資家や時々の状況によって異なることを覚えておくとよいでしょう。

## 4 「倒産」の定義

　社債投資では「デフォルト」や「倒産」という言葉が頻出しますが、言葉の意味を正確に理解することは基本かつ重要です。倒産という言葉は一般的にも多く使われているため、不正確な理解のまま実務を行ってしまう例も多く見られます。

　まず、**倒産**の定義から始めましょう。
　一般的に会社が潰れることを指して使われていますが、実は倒産というのは正式な法律用語ではなく、商慣習として使われているにすぎません[24]。では、一般的に定義されている「倒産」とはどのような状態でしょうか。倒産情報の大手である帝国データバンクの定義を見てみましょう。

**帝国データバンクによる倒産の定義**
　日常的に使用する『倒産』という言葉は、法律用語ではありません。一般的には『企業経営が行き詰まり、弁済しなければならない債務が弁済できなくなった状態』を指します。具体的には、以下に挙げる6つのケースのいずれかに該当すると認められた場合を「倒産」と定め、これが事実上の倒産の定義となっています。

---

[24] 会社法上では、「社長」という役職もない。会社法では「代表取締役」が社長に近いが、同義語ではない。また、会社法上「社員」というと、ほぼ「株主」という意味で、世間で使われている意味とはまるで異なる一方、従業員は会社法上「使用人」である。「支配人」というと、特定の分野において会社を代表して訴訟行為などができる人、というような意味を示す。

(1) 銀行取引停止処分を受ける※
(2) 内整理する（代表が倒産を認めた時）
(3) 裁判所に会社更生手続開始を申請する
(4) 裁判所に民事再生手続開始を申請する
(5) 裁判所に破産手続開始を申請する
(6) 裁判所に特別清算開始を申請する

※手形交換所または電子債権記録機関の取引停止処分を受けた場合

このうち(1)と(2)が『任意整理』で、(3)〜(6)を「法的整理」と大別できます。
また、倒産は会社を清算（消滅）させる"清算目的型"と、事業を継続しながら債務弁済する"再建目的型"に分けられます。

清算目的型：『破産』『特別清算』、大部分の任意整理
再建目的型：『会社更生法』『民事再生法』、まれに任意整理の一部

社債を発行するような企業は基本的に規模が大きいので、法的整理がほとんどです。かつ特別清算は親会社が経営不振の子会社の処理をするようなときに使う[25]ため、これも除外してよいと思われます。したがって、社債の世界で「倒産」といえば、以下の3つのいずれかと定義できそうです。

① 裁判所に会社更生手続開始を申請する
② 裁判所に民事再生手続開始を申請する
③ 裁判所に破産手続開始を申請する

## 会社更生法と民事再生法の主な違い

法的な倒産として、**会社更生法**と**民事再生法**が出てきましたが、社債に投資するうえで2つの違いを理解しておくことは大切です。図表4-6のとおり、会社更生法のほうが、経営者の退陣や、株主の権利喪失、担保権の実行禁止

---

[25] 実務上は、親会社による債権放棄や増資等を行って他の債権者に迷惑をかけないように処理することが多く、特別清算をすること自体が少数派である。

図表4-6　会社更生と民事再生の主な違い

| | 会社更生法 | 民事再生法 |
|---|---|---|
| 経営者 | 原則退陣 | 残れる |
| 新経営者 | 管財人 | 旧経営者が続投 |
| 担保権の実行 | 原則禁止 | 実行可 |
| 株主 | すべての権利喪失 | 維持可能 |
| 財産処分権者 | 管財人 | 監督委員が監督 |
| 債権者の協力 | 小 | 大 |
| 手続き | 複雑・厳格 | 簡単 |
| 対象 | 株式会社のみ | 個人も可 |
| 手続き開始までの期間 | 2～6カ月 | 2週間 |
| 再建計画の認可まで | 1～2年 | 半年程度 |
| 債務者のサイズ | 大 | 小 |
| 再建計画可決の要件 | 更生債権者の議決権額（＝債権額）の総額の2分の1以上の同意 | 出席議決権者の過半数の同意、かつ出席議決権総額の2分の1以上の同意 |

など極めて厳しい対応が求められることが一見しておわかりいただけるのではないでしょうか。

　基本的に、社債を発行するような大企業は、会社更生法で処理するように法律が準備されています。利害関係者の多さや、経営責任を明確化させる必要性などから、より厳格にプロセスを進めやすい会社更生を選ぶべきなのでしょう。民事再生法は、もともと和議法の使いにくさを改良した法律で、基本的に個人や中小企業用に作られたものですが、同法施行以降は、大企業が民事再生を選択するケースも相当数あります。

　それは、倒産する側にメリットがあるためです。一番は「経営者が辞めなくてよい」点が大きいのではないでしょうか。

　会社の倒産は、債権者からも申し立てられますが、基本的には債務者側から申し立てます。つまり、「もはやこれまで」と観念した経営者がみずから白旗を上げるわけです。その場合、会社更生を選ぶと、経営陣がみずから総退陣する覚悟が必要です。一方、民事再生の場合は、基本的に経営者が残って

再生手続きをするため、辞めなくて済むという非常に大きなメリットがあります。

　経営者として、なんとか今の地位に残りたいという気持ちがあることは、人情としては理解できなくもありません。会社が傾いたり不祥事を起こして、世間から「経営責任をとれ、辞めろ」と批判されたときに、「自分が残って会社を再建することこそが、責任をとるということであります。自分は逃げません」などといって居座る人がいますが、それに通じるところがあるように思います。

　民事再生法の趣旨としても、会社を傾かせた経営者を許すために続投を認めているのではなく、個人事業や中小企業の場合は、スポンサーを連れてきたり、別の経営者を招聘するのが現実的ではないという事情を配慮したものと思われます。大企業の経営者がその部分だけを利用するのは、どうも法律の悪用ではないかという印象をもちます。それもあって、大企業が民事再生で始めたところ、債権者などからの反発を受けて会社更生に移行したり、民事再生のまま経営者が退陣するという展開も見られます。

　また会社更生法と民事再生法における実務上の大きな違いは、「担保権の実行ができるか否か」でしょう。会社更生の場合は、担保権の実行自体が禁止されるため、会社の再建に必要な工場などの資産がいきなり売りとばされて、再建に支障をきたすということはありません。ところが、民事再生法では担保権の実行が自由なので、個別に担保をもっている債権者にお願いして、売却など担保権の実行を待ってもらう必要があります。

　このような理由から、会社更生は大企業で経営陣も含めて抜本的な改革をする必要があるような場合に使われ、民事再生は債権者の数が限られていて、事前に相当程度主たる債権者を握っておけるような場合に使われるといいと思います。関係する債権者が少なくて、かつ事前に合意できるようであれば、民事再生のほうが手続きはスピーディーに進みますので、企業の再建にとって重要な時間を買うことができます[26]。

---

[26] 千代田生命の再建で管財人をされた弁護士が、「真夏の炎天下でアイスクリームを手渡されたようなものだ」と表現したが、破綻した企業の再建にとってスピードは非常に需要な要素である。

## 5 デフォルトの定義

次に、**デフォルト**の意味も明確にしておきましょう。債券を扱う際に必ず出てくる用語ですが、こちらも実務の世界でも定義がはっきりしていないのが実情です。法律的な解釈からは「期限の利益の喪失」といえますが、実務上は大別して以下の3つの意味があり、おのおの自分の都合で使っている印象です。

### 1 債務不履行

金利や元本の支払期日にお金を払わなかった状態を指します。口座番号を間違えて送金してしまったために払えなかったという事務ミスも含まれますが、その場合は**テクニカルデフォルト**といいます。この状態ではまだ、倒産しているとは限りません。とはいえ、倒産よりも先に債務不履行がくるかというとそうでもありません。実際に支払いが止まると取引先が混乱して債権回収に動き出し、商品をもっていかれる心配もあるため、払えなくなりそうになったら、実際に支払いを止める前に法的倒産に移行する場合もあります。

### 2 期限の利益の喪失

デフォルトとは、厳密には「期限の利益の喪失事由」を指します。ここでいう期限の利益とは、「ある一定の日まで、借りたお金を返さなくていい」という意味です。お金を借りるということは返済日まで返さなくていいわけで、それは借り手にとって「利益」と考えます。その利益を喪失する、ということは「すぐに返さないといけない」状態になってしまうということです。実はこの「期限の利益を喪失する」つまりすぐに返さないといけない状態になるというのは倒産手続き上、大いに意味があります。

倒産手続きに入ると債権者はカネを返してもらいにいきますが、借りたときの契約が有効だとすると、「返済日（満期日）はまだですよ」と断られるはずです。倒産手続きの基本は債権者平等のため、倒産時にすでに期日が来ている人だけに返せば不公平ですし、一番長い満期がくるまで皆を待たせておくわけにもいきません。そのためにお金を貸すときは「一定の事象」が起きたら、ただちに返済日が到来する契約にするのが一般的です。「一定の事象」のことを「**期限の利益の喪失事由**」、英語で「Event of default」といいます。

　期限の利益の喪失事由は個別の契約によって異なりますが、主に以下のようなものがあります。

(1)　債務者が倒産手続き（破産手続き、民事再生手続き、会社更生手続き、特別清算手続き）に入った場合。これは法的な倒産なのでわかりやすい。
(2)　債務者の信用不安を窺わせる事実（支払停止・支払不能に陥ったとき、手形交換所から不渡り処分または取引停止処分を受けたとき、第三者から差し押さえ・仮差し押さえ・仮処分を受けたとき等）。これは法的手続きに移行する手前で期限の利益を喪失させてしまいたいというお金を貸す側に有利にしてある条項。
(3)　当該契約その他の当事者間で締結される契約に違反した事実。

　このほか、住所がわからなくなった、解散した、合併した、事業譲渡した、自己資本が前期比で一定以上減少した、3期連続赤字になった等いろいろあります。細かいことは契約するうえでどちらの立場が強いかが影響します。ひどい場合では、「貸し手が期限の利益を喪失させたくなったとき」といっているのに等しいようなものまであります。

　細かい話になりますが、期限の利益喪失事由が発生した場合に、①当然に期限の利益を喪失する場合と、②債権者の請求によって期限の利益を喪失する場合があります。当然に喪失すると弁済義務が発生してしまって、かえって資金繰りを締め上げてしまうことになることもあります。そのため、期限の利益を

喪失させるかどうかを貸し手である債権者の判断でできるようにして、債権者の自由度を確保するために、請求による期限の利益の喪失が用いられます。

　もちろん法的倒産手続きに入ってしまったような、もはやどうしようもない場合は、問答無用で期限の利益が喪失するようになっています。

## ③ 倒産

　デフォルトと倒産は厳密には異なりますが、同じような意味で使われている例も多く見られます。この点、法的倒産手続きに移行することをもって「event of default」となるため、同じといえなくもないのですが、デフォルトと倒産を同じ意味で使うのはさすがに無理があります。

　以上より、社債の世界において「デフォルト」といえば、「期限の利益の喪失」にとどまらず、「信用力が低下し、資金繰りが苦しくなって、社債や借入金の利払いや元本返済ができなくなり、実際に支払日を過ぎても払わなかった場合」という意味で使われることが一般的です。

COLUMN

## 劣後債が劣後する裏に高等テクニック

　トリビア的な話題ですので、興味のある方のみ読んでください。
　無担保債券の間で、弁済順位がほかの債権に劣後する「劣後債」という債券があると述べました。担保付と無担保の債券に弁済順位の差を付けるのであれば、根拠も明快で、法的な問題もありません。しかし、同じ無担保債券のなかで「特定の債券だけ弁済順位を低くする」ため劣後債に付された劣後特約は、債権者平等原則に反する等の理由から、実は相当高い法的なハードルをクリアしたスキームといえます。
　というのも、本来、無担保同士で弁済順位に差を付けるには、ほかのすべての債権者から「この債券だけ弁済順位を後にする」という合意（受益の意思表示）をとる必要があります（「権利付与型」と呼ばれる手法）。しかし、全債権者を探し出し合意を得るのは、物理的にほぼ不可能です。
　そこで、劣後特約には"不可能を可能にする"テクニックとして、前述の「期限の利益の喪失」を利用した手法がとられています。通常の債券は、法的倒産時等に必ず「期限の利益を喪失」させるしくみですが、劣後債ではあえてこの条項を外しておきます。そうすることで、発行体が倒産しても満期が到来しない理屈が通り、ほかの債券と弁済順位は同列でも、劣後債を保有する債権者は「金を返せ」と言えない状態になります。そして、「ほかの債務の弁済が全部終わったら、金を返せといえる（「求償権が発生する」）」条件にしておくのです（（上位債権者に対して）「反射的利益付与型」と呼ばれる手法）。
　この結果、劣後債は「期限の利益の喪失事由」が入っていない、非常に珍しい借金となっています。

---

[27] 政府の法人に対する債務保証については、「法人に対する政府の財政援助の制限に関する法律」第3条の規定により原則として禁じられている。例外として、① 国の行政の一端を担うものとして極めて公共性、公益性の高い業務を行っていること、② 業務の執行、財務会計等についての国の監督が十分行き届き、したがって、保証債務に係る借入金等の使途及び当該債務の履行の確実性をチェックしうること、という条件を満たす場合に限

## 6 一般担保条項

　一般担保付社債に付されるこの条項は特殊で、通常の社債にはつけることができません。法律で認められた発行体だけがつけられます。基本的に、政府系特殊法人と電力会社に認められています。ともかく強力で、個別に担保権の設定をしなくても全部の資産について一般担保付きの社債を持っている社債権者が優先的に返してもらえる、というすごい条件です。
　ただ、この条件が許されるのは基本的に倒産の心配がほとんどないような発行体に限定されていました。財投機関債などが、その一例です。投資家からすれば、そもそも倒産の心配がない発行体で、さらに財政投融資（財務省から借りているお金）に優先するわけですから、どうしたってとりっぱぐれる心配はない、となるわけです。すると発行に際して払わなくてはいけない金利がさらに下がるため、調達コストも節約できます。
　政府保証にしてしまえばいいのに、とも思えます。確かに政府保証は保証状1枚を書けば済みますし、どうせ倒産しないのですから、政府としても保証の実行を迫られる心配がありません。問題は、政府保証の場合は別途国会で予算を通さなくてはならず、手続きが面倒な点です[27]。一般担保であれば政府保証をするわけではないので、別途予算を取らなくてもいいうえに、調達コストも下げられるというメリットがあります。

　一般担保条項は条件を見る限り非常に強力ですが、信用補完（倒産リスクをやわらげるための方法）としては使いにくい部分もあり、あまり実用的ではありません。登記しなくても法的な効果があるものの、きちんと担保をとって登記している債権には負けてしまうのです。一般担保付社債を出している発行体が、仮に他の銀行借入すべてに担保をつけて登記してしまうと、オールマイティーだったはずの一般担保が、普通の無担保社債状態になってしまいます。そのため、一般

---

られている。また、政府保証付与後においては、当該法人を所管している各省庁が、財務の健全性のチェックを含め、適切な監督を行わなければならない。5年を超えると財政投融資計画に計上しないといけなくなるので、財務省の了解も必要となる。

担保付社債を出している発行体は担保付きの銀行借入をしません。そんなことができるのは、担保なしで十分に資金調達ができるくらい信用力の高い発行体ならではです。

繰り返しになりますが、一般担保条項とは信用補完しなくても十分に信用力が高い発行体が、さらに発行コストを下げるためにあえてつける条件である、と理解しておくといいでしょう。

## 7 法的倒産手続きと社債権者集会

### 1 社債の返済資金

社債は、発行体（お金を借りている会社）が元気なうちは、まったく問題なく平和に処理が進みます。利払日にはきちんと利払いがされますし、満期日になれば満額返済されます。満期日までの間に業績が悪くなって資金繰りが悪化し、満期日の満額償還どころか金利の支払いすらできなくなってしまったときが、社債保有者にとって最大のリスクです。発行体にとって、社債の返済資金の原資には次のようなものがあります。

(ア)　すでにもっている現金
(イ)　会社が事業を通じて稼ぎ出した現金
(ウ)　銀行借入
(エ)　借り換え用の新規発行社債
(オ)　保有資産の売却

会社の業績が悪くなって、銀行がお金を貸してくれなくなってきた段階では、(ア)はもちろんどんどん減っていきますので、まとまったお金が必要になる社債の償還は難しくなります。(イ)に関しても、そもそも信用力悪化の原因が業績の悪

化なのですから、本業からは十分な現金が生まれない状況になっています。(ウ)についても、業績が悪くなって倒産の可能性が高くなってくると、銀行が簡単に新規融資をしてくれないことは明白です。

　(エ)の社債に至ってはさらに顕著で、日本においては信用力の低くなった社債を新規に発行するのは不可能であるといってもいい状態です。(オ)の資産、特に遊休資産で使っていない資産がたくさんあれば売ればいいですが、そもそもそんなものがあれば、銀行がそれを担保にお金を貸してくれます。もし、(オ)の資産が今ある借金をすべて返済するのに十分で、かつ本業の継続に影響がなく(どんなに価値があっても、本業の生産設備を売ってしまっては、明日から仕事ができません)、さらに当面の設備投資や運転資金を賄うのに十分であれば話は別ですが、そうはならないので資金繰りに窮する事態に陥るのです。

　さて、以上のような万策も尽きてしまった会社は次にどうするのでしょうか? ひとつには会社更生や民事再生を申請して、いわゆる法的に倒産するという選択肢です。そして社債に関しては、社債権者集会を開催して条件を変更してもらう方法があります。

## 2　社債権者集会

　社債権者集会の開催方法や決議方法については会社法に細かく規定されていますので、具体的にはそれに沿って進められます。何をするのか一言でいうと、発行体が社債の満期を延ばしてもらったり、借金を一部棒引きにしてもらいます。社債をもっている人からすると、返すと約束したお金を約束した日に返せなくなったうえに、返済を待ってくれだの、一部を踏み倒すだの、ふざけたことを言っているんじゃない、という気持ちになるわけですが、ふざけるなと一蹴しないほうがいい場合が結構あります。

　たとえば、会社の業績は悪くなってはいるものの、毎年10億円くらいは返せ

るくらいのお金を稼げているとします。ただ100億円を一度に払うことはできないし、借り換えに応じてもらえなければ倒産してしまう状態だったとします。倒産させてしまうと、今ある財産からしか返済してもらえず、かつ他の借入が銀行融資だったりして、担保をとられていたりすると、ほとんど回収できずに大損してしまうかもしれません。もし10年かけて毎年10％ずつ返済して、最終的に全部返してもらえるのであれば、そのほうが圧倒的にいいでしょう。

　また全額は無理でも、毎年5％ずつなら返済できるのであればどうでしょう。10年かけて貸したお金の50％しか返済できないとしても、交渉に一切応じずに法的に倒産するのを余儀なくさせて、ほとんど回収できない状態よりずっといいといえます。結果的に自分にとって一番損の少ない選択をすることになるため、社債権者集会で多少の譲歩をすることは、損の最小化という観点からは大いに意味のあることです。

　ただ、悩ましいのは、「10年待ってくれれば、きっと返す」といわれたところで、その通りになるとは限らないことです。それを信じて待ってみたところ、2年後にさらに業績が悪化してしまい、2年前に法的に処理をしてしまったほうが結果的に回収率は高かった、という結末も起こりえます。このあたりは社債権者としても悩みどころです。


　また、社債権者集会というのは倒産しそうになっている会社が苦し紛れにもがきながら開催するため、なんとかして少しでも自分にとって有利な条件を社債権者に認めてもらおうと必死です。文字通り、会社の生命が掛かっているわけですから、悠長なことはいっていられません。

　そんなこともあり、社債権者集会には投資家にとっての落とし穴がたくさんあります。人からお金を借りておいて随分と失礼な話ですが、むこうも倒産回避に必死ですから、責めるのもかわいそうというもので、これに関しては、投資家がだまされないように（もちろん法的にだましているのではありませんが、少なくとも相当不親切です）細心の注意を払い、法的知識で武装して社債権者集会に臨む必要があります。社債権者集会における、先方の手口と戦い方についてはのちほ

ど詳しく説明します。

## 3 法的倒産

次に、ついに万策尽きて法的に倒産してしまった場合です。

社債権者は、担保付きか無担保かで扱いが変わってきます。いずれにしても、倒産した会社で再生しようがない場合は、粛々と資産を売り払って現金化し、集めたお金を決められた順番で配当して終わりです。これが民事再生や会社更生などで再建を目指すとなると、再建計画を認可するという作業が入ります。

再建計画においては、そもそもお金を返せないから倒産したため、大幅な債権カットが要求されます。再建する側からすれば、借金は少なければ少ないほどいいので、ともかくできるだけ借金をチャラにしようとします。債権者からすると、あまりカットされるくらいなら再建ではなく、清算してしまったほうが回収率が高くなることもありうるので、どちらに投票するかを考えることになります。

ただ再建計画の認可は基本的に多数決で決まります。再建する側からすると決定権をもっている大口の債権者をこっそり事前に握っておいて、実際に債権者集会で投票するときには勝負がついている、ということは珍しくありません。そんなこともあり、実際に会社が倒産すると、水面下でこそこそした動きがたくさん起きます。

第 5 章

# 社債投資の代替品
## ～債務保証とCDS

　ここまで社債そのものについて解説してきましたが、金融市場には社債に投資するのと同じ経済効果を生む商品も存在します[28]。代表的な例として、債務保証とクレジット・デフォルト・スワップ（Credit Default Swap：CDS）について、本章で説明を加えておきます。

## 1 債務保証

　債務保証は古くから存在する取引形態で、債務者が倒産などの理由で借入金を債権者に返済できなくなってしまった場合に、債務者に代わって債権者に返済するというものです。なんだかややこしい取引です。そんなことをするくらいならお金を貸さなければいいように思えます。
　どうしてこのような形態の契約が存在するのでしょうか。
　それは、お金を持っていて誰かに貸して金利をもらいたいが、貸してほしいと言っている債務者の信用リスクはとりたくないと思っている人と、債務者のことを信用しているので保証料をくれるなら債務保証はしてもいいと思っている人が存在するからです。つまり、以下の条件がすべて満たされます。

- 債務者はお金を借りたい。
- 債権者はお金を貸したいが、債務者の信用リスクはとりたくない。
- 保証料をくれるなら債務者の信用リスクをとってもいい。

---

[28] 同じ経済効果を生むといっても、信用リスクをとり、その対価としてリスクフリーよりも高い利回りを得られる、という意味である。固定クーポンの社債は金利リスクも内包するが、純粋に信用リスクだけをとるような商品を意味している。

債務者の信用リスクをとり、その代償としてリターンを得るという意味で社債と同じです。債務保証をする人は保証料をもらって、債務者が返せなくなってしまった場合に、債務者の代わりに債権者に返済しなければなりません。
　一方、債務者が無事に返済できれば、もらった保証料はそのまま保証した人の利益になります。保証料が、社債における上乗せ金利部分に相当します。債務者が破綻してしまうと、保証人は保証を実行した見返りとして、債務者に対する**求償権**（返してくれという権利）を得ます。これは債権者のもっている債務者向けの債権を額面で買い取るようなイメージです。

**債務保証における損失額の計算**
　債務保証における損失額は、保証していた額と最終的に回収できた額の差です。保証していた人は当初は債権者ではないため、債務者に返済を求めることはできません。
　しかし、保証を実行したあとは求償権といって、もとの債権者に代わって（代位する、といいます）債務者に返済を求めることができます。もとの債権者に代わって返済を求めることができるとはいえ、債務者はすでに倒産しているので、満額回収はほぼできません。法的に倒産してもごく例外的に満額回収できることがありますが、それは極めて稀で、日本の場合は大抵20％以下です。仮に回収率が10％だとすると、元本の90％が損失になります。

## 2 CDS

　CDSは、債務保証をデリバティブ取引として契約するもの、と考えるとわかりやすいかもしれません。CDSにおいて損失を保証する行為のことを「**プロテクションを売る**」といいます。これは、プロテクションの売り手がプロテクションの買い手から**プレミアム**（保証における保証料に相当）をもらい、満期まで何もなければプ

図表5-1　債務保証とCDSの違い

|  | 債務保証 | CDS |
|---|---|---|
| リスクをとった人がもらえるお金 | 保証料 | プレミアム |
| お金を借りている人 | 債務者 | 参照組織 |
| 損する場合 | 債務者が返せないとき | 参照組織が返せないとき |
| 儲かるとき | 債務者が返したとき | 参照組織が返したとき |
| 損失額 | 債務者からの回収額と額面の差 | 債務保証と基本的に同じ |

ロテクションをもらった分は利益になるしくみです。満期までの間に倒産してしまうと、プロテクションの買い手から第三者向けの債権を額面の100%で買い取らないといけません。保証と同様に、倒産した会社の債権者となって、最終的に回収できた額と元本の差が損失となります。なお、現物を渡して元本相当のお金をもらう代わりに、損失額を計算して差金決済をすることもできます。

以上のように、債務保証とCDSはほとんど同じにみえますが、両者を比較すると図表5-1のようになります。

一番の違いは、債務者と直接関係ない二者間で取引が行われ得ることです。かつ、債務保証は債権者と保証者の取引ですので、債権者が債務者に実際にお金を貸しているという事実が必要です。存在していない債務は保証しようがありません。しかしながらCDSの場合、債務者でも債権者でもない、まったく関係ない二者との間で勝手に契約を結ぶことができます。債務が存在している必要すらありません。そのような事情もあり、CDSが最初に導入された当時は、賭博行為に当たるのではないかと真剣に議論されたほどです[29]。

---

[29] 専門家によって細かい議論がなされたが、とりあえず、金融商品取引業者等の対象取引とすることによって、賭博罪の違法性がないとされる。

## 3 社債とCDSの比較

次に、具体例を使って、基本的なCDSにおける資金の流れを社債投資と比較してみましょう。

発行体であるA社が、元本100億円、クーポン5％（うちリスクフリー部分は2％）、満期5年の社債を購入したケースと、プレミアム3％のCDS取引を締結したケースで、それぞれ契約時と期間中、満期日、発行体の倒産時についてどのようなお金のやり取りがあるかを図表5-2に示しています。

まず、利益についてです。社債の場合の金利収入は5億円×5年間ですので、25億円。ただし、100億円持っていてリスクフリー（たとえば国債）に投資しても2％もらえますので、社債発行体の倒産リスクをとったことによる代償は、（5-2）億円×5年＝15億円です。

一方のCDSはどうでしょうか。単純に3億円×5年＝15億円が信用リスクをとった代償としての利益です。同じリスクをとっているのですから、基本的に利益も同じになります。

以上のように、基本的に同じ性質のリスクに対する評価であるため、社債の上乗せ金利とCDSのプレミアムは同じ数字になるはずですが、市場の実勢としては、CDSのプレミアムのほうが現物社債の上乗せ金利よりも大きくなる傾向があります[30]。

なお、CDSについては法的な倒産に至らなくても（たとえば支払期日に一定額以上の支払いができなかった場合など）、権利行使、つまり**参照組織**（基本的に債務者と同じ意味だが、前述のとおりCDSは債務がなくても取引を成立させられるため、債務者ではなくこう呼ぶ。Reference Entity）向けの債権を渡して額面100％の金額をもらえるようになっているのが日本では一般的です。その点については、保証取引にはないCDS独自の特徴ですので注意しておきましょう。

---

[30] 理由はいくつかあるが、「現物社債は空売りできないのでCDS売り、現物売りの裁定が効かない」「投資家の層が違う」「権利行使できる範囲が倒産よりも広い」などが主な理由とされる。

図表5-2　社債とCDSの違い

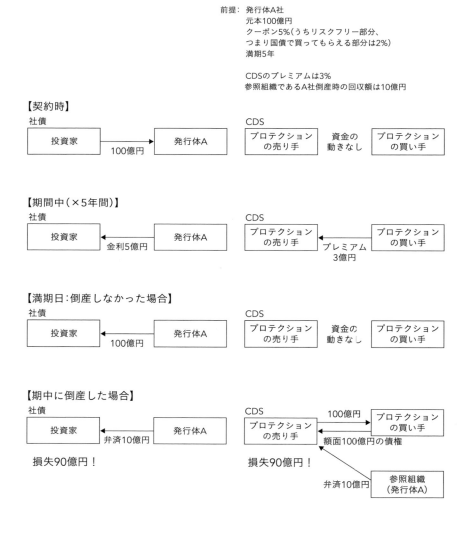

## 4 クレジットリンク債とは何か

　CDSでプロテクションを売っただけで、社債の信用リスクをとったのと同じ経済効果を得ることができますが、ひとつ大きな違いがあります。プロテクションの売り手の信用リスクです。

　プロテクションの買い手からすると、参照組織が倒産したときにプロテクションの売り手がお金を払ってくれないと保険の意味がありません。

　前述の例では、プロテクションの売り手から100億円の現金をもらうことになりますが、100億円払ってくれる確証を得なければ怖くてプレミアムを払うことができませんし、A社の倒産による損失というリスクのヘッジができないことになります。倒産するかもしれないと思っている保険会社の生命保険には、誰も加入しないようなものです。保険料を払い続けても、いざ死亡したときに保険金を払ってもらえなければ意味がありませんし、大損です。

　つまり、信用力の高い相手でなければ、プロテクションを売ることができないことになります。この点が社債を買うお金さえ持っていれば、自分の信用リスクは無関係の社債投資とは大きく異なります。現物社債の場合、発行体にとっては発行時に全額払い込んでもらえるので、投資家が、社債購入後にお金がなくなるかどうかは関係ありません。流通市場で社債を売却する投資家にとっても、現物社債と売却代金は同時決済なので、相手の投資家にその後お金がなくなっても関係ありません。CDSの場合は取引が終了するまで（通常は数年間）相手に支払い能力があるかどうかを心配し続けなければならず、かなり手間がかかります。

　さらにプロテクションの売り手と参照組織の相関まで考慮しなければなりません。たとえば、プロテクションを売ってくれた会社の親会社が参照組織である場合（例：ABC銀行を参照組織としたCDSをABC銀行の100%子会社であるABCリースから買う場合）などは、参照組織が倒産したときはプロテクションの売り手も高い

確率で倒産してしまう（ABC銀行が倒産すると子会社のABCリースも倒産する）でしょう。つまり、損失を保証してほしい対象の会社が倒産したときに、高い確率で保証能力がなくなってしまうのです。この例では相関が非常に高いことが明白なので取引を行わなければいいのですが、相関の度合いが微妙な場合は、プレミアムをいくらで設定するかというプライシングやリスク量の計算に頭を悩ませることになります。

　そのうえ、契約がデリバティブになりますので、**ISDAマスターアグリーメント**という基本的にプロ用の複雑な契約書を締結する必要もあります。時価評価等の会計処理も別途用意しなければなりません。

　このデメリットを解消したのが、クレジットリンク債です。

## 1 クレジットリンク債のしくみ

　発行体は特別目的会社を設置してそこに額面相当の金額を投資家から集め、そのお金で国債などの倒産リスクのない債券を購入しておき、参照組織が倒産したら保有債券を売却して投資家にお金を払うしくみです。英語名（Credit Link Note）から略して**CLN**と呼ばれます。

　図表5-3は、クレジットリンク債の発行時、期中、倒産時のお金の流れを示しています。発行時に投資家が100億円を払い込んでいるので、参照組織のA社が倒産しても、プロテクションの買い手が100億円もらえない心配をしなくて済みます。

　以上からわかるように、経済効果として、A社の社債を買って保有していたのと同じ結果になります。

## 2 社債が存在していなくても投資が可能

　こんな面倒をするぐらいなら最初から社債を買えばいいようにも思えますが、社債の場合は、そもそも発行していないと買えません。発行していた場合でも、

図表5-3　クレジットリンク債のしくみ

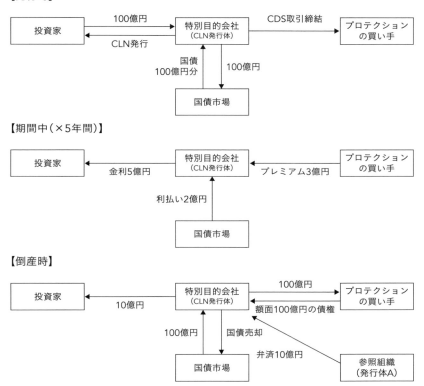

　流通市場においては誰かがもっているものを売ってくれなければ買えません。ところが前述のように、CDSは発行体の実際の債務がなくても取引が成立するため、あたかもその会社にお金を貸したのと同じようなリスク・リターンを作り出すことができて大変便利です。

　ただし、この商品を作るには誰かがプロテクションを買ってくれる必要があります。買い手の一例は、大きく貸し込んでいるメインバンクです。今後もその発

行体を支え続けるつもりだが、リスク管理上、信用リスクを減らしたい局面がそれに当たります。リスクを減らすには貸出金を一部売ってしまうのが確実ですが、メインバンクが融資の一部を譲渡したとなると借り手との関係が悪化したり、メインバンクが撤退し始めたととられかねず、信用不安の引き金を引きかねません。このようなときにCDSは便利なリスク管理ツールとなります。

## 3 諸刃の剣

　以上のような健全な目的でプロテクションの買い手がいる場合はいいのですが、CDSの場合は、対応する債務がなくても作り出すことができるため、使い方を誤ると危険な面もあります。そのあたりは、映画『マネーショート』でCDSのCDSといった複雑な取引が危険を積み上げていくストーリーとして取り上げられています。理屈のうえでは、借入金が100億円しかない企業であっても、その会社を参照組織として1兆円分のCDS取引を行うことすらやろうと思えばできてしまいます。

　CDSはすでにもっているクレジットリスクのヘッジに使える便利な面もありますが、使い方によっては投機的な商品にもなりえますので、実際に投資する際には十分な注意が必要です。

# 第 2 部
# 投資編

# 社債投資と株式投資の違い

## 1 投資を始める前に

　第1部では、社債の種類や発行のしくみ、価格変動のメカニズムなどについて説明しましたが、この第2部では、実際に社債に投資して利益を得るにはどうしたらいいか、という点について説明します。
　まず、投資で儲けるということについて確認します。

　投資は、お金を増やすために行います。そして、増やすためには、基本的に安い物を買うしかありません。株であれば、良い会社の株を買うのではなく、安い株を買わなければなりません。社債投資においても、経営が健全な一流企業の債券であっても高ければ買っても儲かりません。
　株でも債券でも「良い会社である」と「今から投資して儲かる会社」を混同している例が多く見られます。社債投資に関しては、倒産の可能性が低いものは良い社債であって、倒産の可能性が高い社債は避けるべき悪い債券であると思われがちですが、それも違います。価格の割高な債券こそが、避けるべき悪い債券です。

　割安か割高かを見分けるには、その商品の特性を正確に理解することが大前提となります。筆者が知りうる限り、信用リスクをとり収益を得るということを理解している国内投資家は少数です。少なくとも、理解して実際に投資を行っ

ている投資家はとても少ないように思います。

　なお、本書は、低格付債やハイイールド投資は初心者でも簡単にできる、と主張しているものではありません。投資のなかでも高度な知識や経験が必要とされる分野だと考えています。安易に儲かる投資対象では決してありませんが、社債市場の特性を理解し、正しい知識を正確に身につけることができれば、その先には一般の投資家の方でも大きな利益をあげる可能性を秘めた投資対象であると筆者は確信しています。その第一歩として、実際に投資を始めるうえでの基礎知識を提供することを目的としたのがこの第2部です。

　以上のような点を念頭に置いたうえで、読み進んでいただきたいと思います。まずは株式と社債の違いを投資という観点から整理します。

## 2 社債に株式の投資手法は通用するか

### 1 商品性の違いのまとめ

　本章では、社債投資の魅力を株式投資との相違点を交えながら検討します。第1部第1章でも触れたとおり、社債投資と株式投資は似ている部分もありますが、実は性質がまったく異なるものです。両者は投資における収益の源泉が異なり、またリスクの性質も異なります。株式投資に慣れている投資家が、社債との違いをよく理解せずに、株式投資の手法で社債投資を始めてしまうと手痛い失敗を招いてしまう可能性があります。投資対象としての株式と社債の違いをきちんと理解しておくことは極めて重要です。

　社債と株式の商品性の違いを整理すると、図表6-1のようになります[1]。

---

[1] 説明を単純化するため、株の空売りやCDSにおけるプロテクションの売り等、業績悪化で利益が発生するパターンは、ここでは対象としていない。

図表6-1 社債投資と株式投資の比較

| | 株式投資 | 社債投資 |
|---|---|---|
| モニター頻度 | 株式は日々の値動きに神経を張り巡らさないといけない | 倒産リスクに直結するような動きがあったときだけでいい |
| 業績と損益 | 業績の悪化は損失に直結 | どんなに悪化しても倒産さえしなければいい[注1] |
| 倒産と損益 | 倒産するとほぼ確実に全損 | 倒産したとしても損するとは限らない |
| 分析と損益 | 分析に費やした労力が収益に反映されるとは限らない | 分析に費やした労力が収益に結びつきやすい |
| 流動性と損益 | 流動性プレミアム[注2]を収益化することはできない | 流動性プレミアムを収益化することができる |
| 成長と損益 | 基本的に成長なくして利益は出ない | 成長性がなくても高いリターンを実現しうる |
| 価格変化の特性 | 基本的に債券より変動が激しい | 基本的には穏やかだが、信用力が一定以上悪化すると突然暴落することがある |
| アップサイド・ポテンシャル | 業績の上昇に伴い、投資収益が大幅に上昇する可能性がある | どんなに業績が向上しても、当初に決められた元本と金利以上のものはもらえない |

(注1) 満期まで保有する場合
(注2) 流動性プレミアムについては、第I部第4章2「社債の値段の決まり方」参照

## 2 株式投資との本質的な違い

　株式投資は、ひと言でいうと「企業に対して出資する」ことです。企業業績が順調で利益が増えると、支払われる配当金が増加して**インカムゲイン**を得ることができます。また、企業の株価が投資したときの水準よりも高くなれば、値上がり益である**キャピタルゲイン**を得ることができます。逆に、企業業績が悪化して投資したときの株価を下回ってしまう場合や、倒産して保有している株式が無価値になる場合もあります。いずれにせよ、株式投資における収益の源泉は、企業の業績や将来の成長性にあります。

　一方の社債投資は、すなわち「発行体にお金を貸す」ことです。債券は基本的に、発行時点であらかじめ返済の満期が定められていて、満期を迎えるまでは一定期間ごとに利息が支払われ、満期時点で元本が返済されます。たと

図表6-2　3年債のキャッシュフローの例

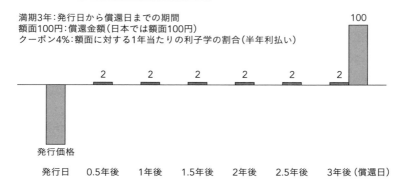

えば、クーポン（金利）4％の3年債を額面1億円分購入すると、3年後の満期まで半年ごとに200万円の利息を受け取り、満期時点で元本の1億円を受け取ります。

　このように、社債投資の最大の特徴はキャッシュフローが発行時点であらかじめ決まっているところにあります。したがって、社債投資は債券を購入した時点で将来の利回りが確定しているため、企業業績の悪化や外部環境の変化によって債券の時価が変動したとしても、満期まで保有し続ければ損失が発生することはありません（図表6-2）。

　社債投資でリスクとなるのは、発行体が債券の元利金を支払う余力がなくなってしまった場合です。債券の満期がくる前に発行体が倒産してしまうと、購入時点で約束されたキャッシュフローが支払われなくなるため、大きな損失を被ることになります。債券、特に社債については、満期時点まで企業が元利金を返済し続けられるかどうかの見極めが最も重要です。

　企業の成長性は社債投資においても大事な要素であることに変わりはありません。しかし、極端に言えば、社債を返済できる最低限のキャッシュフローさえ生み出されればいいのです。さらにいうと、赤字続きでキャッシュフローを生み

出すどころかマイナスであったとしても、銀行借入や増資など、社債を返済する原資を外部から調達できさえすれば問題ないことになります。

## ３ モニターの頻度

　株式投資が投資家にとってハードルが高い理由は、日々の激しい値動きを**モニタリング**する難しさにあるのではないでしょうか。日々の値動きに神経を常に張り巡らせるのは多大な労力を要します。運用が本業である機関投資家が日々モニタリングするのは当然ですが、個人投資家等の場合は必ずしも運用が本業ではなく、本業である別の仕事のかたわら余剰資金を効率的に使うために運用している場合も多く、常時モニタリングするには限界があります。

　一方、社債は将来受け取るキャッシュフローがあらかじめ決まっているため、投資期間中の社債の時価は変動するものの、償還までに倒産さえしなければ、将来受け取る金額に変化はありません。もちろん、満期日より前に途中で売却して損切りすれば損失は発生しますが、満期日まで保有し続けている限り、債券の時価がどんなに下がったとしても、期中に支払われる利息も、満期日に受け取る元本も変わりません。したがって、期中の時価の変動さえ許容できれば、社債投資においては株式投資のように日々の値動きに神経を張り巡らせる必要はなく、社債の償還まで企業の資金繰りがもつかどうかに集中してモニタリングすればいいことになります。

　株価が急落するリスクに備えて常に日々のヘッドラインに注意しなければならないのと、倒産の可能性にだけ注意してモニタリングしておけばいいのとでは、価格変動に伴う精神的な負担や分析に割く労力の面で雲泥の差があります。

## ４ 企業業績と社債投資損益の関係

　社債投資においては、企業業績がどんなに悪化しても、極論をいえば、社

債の満期までに倒産さえしなければ問題ありません。社債が償還した翌日に企業が倒産したとしても、すでに償還した社債に損失が発生するわけではありません。業績が悪化して倒産リスクが高い企業であっても、資金繰りを見通して倒産の時期をある程度予測できれば、倒産に陥るタイミングよりも前に償還する銘柄に投資すればいいのです。

倒産が予測される企業の社債は価格が大幅に下落していることが多いため、高利回りを享受する絶好の投資機会となります。繰り返しになりますが、社債は将来享受できるキャッシュフローがあらかじめ決まっているため、社債の償還まで会社が存続さえしてくれれば、どんなに市場の取引価格が下落していたとしても、満期時点では額面100円の債券は100円で償還します。今にも倒産しそうな企業の社債が満期日の前日に50円で取引されていたとしても、無事償還を迎えれば100円で償還されるのです。

図表6-3　日本航空の社債価格の推移

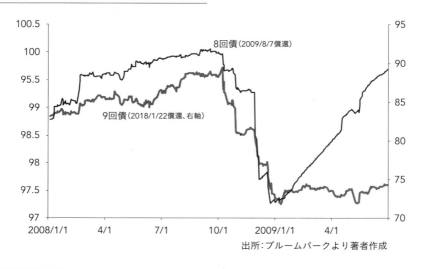

出所：ブルームバークより著者作成

具体的な事例を日本航空（JAL）の例で見てみましょう（図表6-3）。JALは2001年9月に起こった米国同時多発テロや2002年10月の日本エアシステム（JAS）との経営統合以降、業績不振の状態が長期間続いていました。さらに追い打ちをかけたのが2008年9月のリーマンショックでした。2009年3月期は再び509億円の赤字に転じ、現預金は1年間で約2000億円も減少し1637億円まで落ち込みました。その後2010年1月に倒産するまで流動性危機に直面する状況が続き、ついに2010年1月19日に会社更生法を申請して倒産しました。

　社債価格の推移を見ても、2008年以降に価格が大幅に下落したことが確認できます。しかし、ここで注目したいのは、2009年8月償還の8回債と2018年1月償還の9回債とで明暗が大きく分かれた点です。8回債はリーマンショックで価格が大幅に下落した後、満期に向けて価格が徐々に100円に向かって回復していったことが確認できます。これは、JALの経営状態が改善したからではなく、社債の満期に近づいていったからです。当然、この社債は倒産する前に償還したので、100円で満額支払われました。一方、9回債については、リーマンショックで価格が大幅に下落した後も価格が戻らなかったことが確認できます。このように、社債投資においては、どんなに業績が悪い企業であっても、倒産前に償還を迎えれば損失を被ることはありません。

## 5　倒産した場合の投資損益

　企業が倒産したとしても、社債の価値は必ずゼロになるわけではありません。企業が倒産すると、社債権者は原則、会社更生法や民事再生法といった倒産手続きを通じて弁済を受けることになります。この場合、倒産した企業でも一定程度は弁済能力が残っているケースが多く、社債権者はその債権の一部を回収することができます。実際に過去の主だった倒産事例を振り返ってみると、倒産しても社債が一定程度回収されたことが確認できます（図表6-4）。

図表6-4　過去のデフォルト事例と社債の回収率

| 企業名 | デフォルト日 | 適用法令等 | 債権の種類 | 残高 | 回収率* |
|---|---|---|---|---|---|
| ヤオハンジャパン | 1997/9/18 | 会社更生法 | 転換社債 | 287億円 | 11.6% |
| 日本国土開発 | 1998/12/1 | 会社更生法 | 普通社債 | 500億円 | 6% |
| | | | 転換社債 | 70億円 | |
| 川﨑電気 | 2000/9/29 | 民事再生法 | 転換社債 | 55億円 | 22.4% |
| 靴のマルトミ | 2000/12/20 | 民事再生法 | 転換社債 | 46億円 | 100% |
| マイカル | 2001/9/14 | 会社更生法 | 普通社債 | 3500億円 | 1.5~100% |
| 青木建設 | 2001/12/6 | 民事再生法 | 転換社債 | 450億円 | 12% |
| セザール | 2003/3/24 | 民事再生法 | 転換社債 | 5億円 | ― |
| スルガコーポレーション | 2008/6/24 | 民事再生法 | 普通社債 | 210億円 | 54.2% |
| ゼファー | 2008/7/18 | 民事再生法 | 普通社債 | 200億円 | 14.7% |
| アーバンコーポレーション | 2008/8/13 | 民事再生法 | 普通社債 | 200億円 | 7.5~15% |
| | | | 私募債 | ― | |
| | | | 転換社債 | ― | |
| | | | ユーロ円CB | ― | |
| ニューシティ・レジデンス投資法人 | 2008/10/9 | 民事再生法 | 投資法人債 | 310億円 | 100% |
| 日本綜合地所 | 2009/2/5 | 会社更生法 | 普通社債 | 100億円 | 4% |
| | | | 私募債 | ― | |
| パシフィックHD | 2009/3/10 | 会社更生法 | 普通社債 | 370億円 | 5.78% |
| ジョイント・コーポレーション | 2009/5/29 | 会社更生法 | 普通社債 | 150億円 | 7% |
| | | | 私募債 | ― | |
| | | | 新株予約権付社債 | ― | |
| 日本エスコン | 2009/6/26 | 事業再生ADR | 普通社債 | 80億円 | 15%か、100% |
| | | | 転換社債 | ― | |
| アイフル | 2009/9/18 | 事業再生ADR（リスケジュール） | 普通社債は対象外（銀行借入のみ） | | ― |
| 日本航空 | 2010/1/19 | 会社更生法 | 普通社債 | 470億円 | 12.5% |
| | | | ユーロ円CB | 202億円 | |
| ウィルコム | 2010/2/18 | 会社更生法 | 普通社債他 | 926億円 | 13.35% |
| 武富士 | 2010/9/28 | 会社更生法 | 普通社債 | 300億円 | 3.3% |
| エルピーダメモリ | 2012/2/27 | 会社更生法 | 普通社債 | 450億円 | 17.4% |
| | | | 転換社債 | 935億円 | |

出所：各種報道資料

*回収率は再建計画認可時のものであり、最終的な回収率とは異なる可能性があるため、あくまで参考値である

倒産してから実際に回収率が確定して弁済されるまでにタイムラグがあり、その間に倒産した企業の社債が取引されることも多く見られます。倒産した社債はほぼタダ同然の価格で取引されることもあります。実際の回収率は20%以上、極端なケースでは満額返済されることもあります。

　一方、株式については、企業が倒産した場合に受け取れる残余財産はゼロであることがほとんどです。株式投資と社債投資で注意しなければならないポイントのひとつに、第1部でも述べたとおり弁済順位の違いがあります。株主は弁済順位が最後であり、債権者に対する弁済が優先されます。倒産手続きに追い込まれる会社は、資金繰りに窮すると同時に、債務超過状態に陥っているケースが多くなっています。債務超過とは、保有している資産をもってしても債務を弁済しきれない状態のことで、倒産した時点における企業の残余価値は債権者に優先して弁済されるため、株主の持ち分は通常ゼロとなります。

## ❻ 企業の損益動向の分析と投資損益

　ここまで、社債投資と株式投資の相違点について述べてきました。
　社債投資の最大の魅力は、何といっても分析に費やした労力がそのまま収益に結びつきやすいところでしょう。株式投資の場合は、将来の収益予想もさることながら需給が価格変化に及ぼす影響も非常に大きいうえ、景気動向や為替レート、外国人投資家の動向、金融政策、財政政策、原油価格や国際情勢、政局の安定などの要素が敏感に株価に影響を与えます。
　一方、社債投資は分析した成果が比較的リターンに結びつきやすいといえます。社債投資は購入時点で将来のキャッシュフローが決まっているため、満期までに倒産さえしなければ、購入時点で投資期間とリターンが確定します。したがって、投資リターンを予定通り実現するためには、満期までに倒産するかどうかだけを当てればいいのです。
　また、株式投資や為替投資においては、どれだけ精緻な分析をしても、将

来時点における投資リターンを予想通りに実現することは不可能に近いといえるでしょう。これは、社債投資と異なり、株式投資や為替投資は将来キャッシュフローが投資時点で確定していないところに難しさの本質があります。もちろん、企業の倒産可能性を予想することも決して簡単ではなく、確実に予想できるものではありませんが、株式投資や為替投資で将来の値動きやその時期を正確に予想することよりははるかにハードルが低いと考えられます[2]。

## 7 流動性と投資損益

　日本のクレジット市場では**流動性プレミアム**が価格に反映されており、分析した成果がリターンとして享受しやすいのも事実です。株式や為替は流動性が非常に高く、リーマンショックのような異常事態にならない限りは、流動性の部分で収益化できる余地は少なくなっています。

　一方、日本のクレジット市場には流動性プレミアムを収益化できる機会が多く存在しています。特に、格付けが低くなるほど、流動性プレミアムが過剰に上乗せされる傾向があります。

　日本では、格付が低くなるほど、特に投資適格級から外れると極端に流動性がなくなり、社債価格が過度に割安化することが多くなっています。その背景として、日本のクレジット市場に構造面や制度面の歪みが存在していることが挙げられます。

　この点については第7章で詳述しますが、簡単に触れておくと、日本の社債市場のメインプレイヤーである機関投資家がリスク管理上、投資できる社債を格付で制限していることが多いことが主因です。BBB格以上の投資適格級でないとそもそも投資不可というルールを設けている投資家が多く、保守的な場合は、A格以上でないと投資不可としている投資家もいます。したがって、格付が低くなると格付上の制約から社債の買い手が極端に減ってくるため、需給バランスが極端に崩れて流動性プレミアムが過剰に上乗せされやすくなるのです。

　加えて、国内の年金投資家（年金、信託銀行の年金勘定、投資顧問等）は、**債**

---

[2] 第1部でも触れたとおり、社債は変動利付債でない限り、金利変動に伴う価格の変動が発生するが、それは国債と同様に債券すべてに起きることであり、本編ではあえて言及していない。

券インデックス[3]をベンチマークとした**パッシブ運用**[4]が基本となっています。日本の債券インデックスとしてNOMURA-BPI等が用いられていますが、ベンチマークとなる債券インデックスの組み入れ基準として、「格付がA格相当」という条件が設定されています。年金投資家、特にパッシブ運用の年金投資家はA格以上の社債しか投資対象にできないという事情があるため、こちらも需給バランスの悪化要因となっています。

　日本のクレジット市場で収益を確保するためには、構造的な問題が源泉となっているこの流動性プレミアムを、いかに収益化していくかが重要です。流動性プレミアムは多大な収益機会をもたらしてくれるものの、ボラティリティ（変動）が激しく、日々の売買を通じて収益化するのは簡単ではありません。
　しかし、どんなに流動性が低くて値動きが激しくても、企業が倒産しない限り途中売却せずに満期まで保有し続けてさえいれば満額で償還するのが、債券投資の最大の強みです。日本のクレジット市場において、流動性プレミアムを味方につけて多大な収益を享受するためには、どんなに状況が悪化しても「バイ・アンド・ホールド（原則満期保有）投資」が続けられるかどうかが最も重要なファクターとなります。そして、この収益機会を享受できる数少ないプレイヤーに事業会社や個人投資家が含まれます。

　なお、第7章でも説明しますが、日本では一部のCBを除いてハイイールドのプライマリー市場がありません。低格付、ハイイールド債として存在するのは、発行時には投資適格であったものが、発行後の信用力の低下により結果的に低格付・ハイイールドになってしまうケースが大半です。その点においては、ハイイールドのプライマリー市場が発達し、M＆Aのメザニン（弁済順位が通常借入より劣後する借入）などでも社債が使われる米国市場とは大きく事情が異なります。日本においては投資機会を確保しにくいことは事実で、格下げなどによるチャンスの到来を逃さないことが重要です。

---

[3] 市場全体の動向を表すために用いられる投資収益指数。一定の組み入れ基準に基づいて構成されたポートフォリオパフォーマンスをもとに計算される。
[4] 運用目標とされるベンチマーク（債券インデックスなど）に連動する運用成果を目指す運用手法のこと。インデッ

COLUMN

## 社債投資で
## フェラーリに乗る人たち

　投資関係の仕事をしていてフェラーリに乗っている人といえば、やはりヘッジファンドや外資系金融機関の自己勘定取引部門でしょうか。どちらも運用成績が良いと年収は数億円に上ります。そうなると、1台3000万円程度のフェラーリは簡単に買えます。

　なぜそこまで報酬が多額に上るかといえば、報酬体系の分配に理由があります。ヘッジファンドは基本的に少人数で運営され、成功報酬制になっていることがほとんどです。報酬の計算方法にはいろいろありますが、たとえば「儲かった分の4分の1が報酬」などと決められています。運用担当者が100億円運用したとして、その人が年間10%のリターンを上げられれば、その4分の1に当たる2億5000万円が報酬として得られるわけです。

　これが日本の金融機関のような大企業の場合、報酬として会社がもらったものを非常に多くの人で分け合ううえに、地位の高い人たちへの分配比率が高くなります。このため、実際に運用に貢献した個人には、その貢献度合いに比して還元される額が少なくなります。ただ、大きい金融機関の場合は運用に失敗してもクビになりにくく、かつ定年まで雇ってくれる可能性が相対的に高いという、ヘッジファンドや外資系にはない大きなメリットがあるのも事実です。

　以上は、分配効率がヘッジファンドのほうが良いというだけの話ですが、何がいいたいかというと、彼らの投資への真剣さが尋常ではないということです。さすがに失敗するとクビになったり、会社が潰れてしまいますので、それはもう真剣に投資をしようとします。少なくとも筆者が知る限り、とにかく真面目に調査します。サラリーマン投資家の場合は、真面目にやったところで報酬がさして増える

---

クスに投資したのと同じように投資先を組み入れるため、運用者の積極的な投資判断は反映されず、「消極的」に投資するため、パッシブと呼ばれる。反対はアクティブ運用。

わけでもなく、儲かるかどうかより社内の人事評価制度上プラスかマイナスかということが最大関心事になってしまう場合もあります。それでも真剣に投資にまっすぐ立ち向かっている優秀なサラリーマン投資家もたくさんいます。その場合は、同じことをして、同等の結果を出しているヘッジファンドや外資系の人たちに比べて報酬が非常に低いため、それでもサラリーマン投資家をするとなると、精神的には慈善事業をしている気分になるのも事実です。それもあってサラリーマン投資家で優秀な人はファンドや外資に高額の報酬で引き抜かれてしまうこともよくあります。

　もちろん仕事はお金だけではないのですが、金融業の場合、他の業種に比べて報酬の多寡が重要視される傾向があり、このあたりは経営としても悩ましいところです。そうした事情もあり、社内の人事評価重視で、会社にとって損失が発生しても二の次という価値観に染まった国内金融機関の人たちにとっては、新聞に嫌なニュースが出ている会社の社債は倒産リスクを分析する前に上司に説明する手間というマイナス要因のほうが大きいため、売却損を発生させてでも処分してしまうという行動が起こりえます。

　要するに、よく調べている人たちが、調べればわかるようなことについて調べる努力を怠る人たちから安く買う、というしくみです。繰り返しになりますが、これはファンドや外資の人が優秀で、日本の金融機関に勤めているサラリーマン投資家がそうでないからではありません。制度上の問題です。

　これまでの日本の社債市場においても、一度価格が大きく下落して、その後回復した銘柄は複数ありますが、発行残高が非常に大きかったある銘柄がありました。乱暴な試算ですが、仮に発行残高が3兆円とします。値段が額面の4分の1下がったときに、投資家が保有残高の3分の1だけ売却したとすると、買った値段より2500億円安く売った計算になります。それを買ったヘッジファンドが50社とすると、1社あたり50億円儲かったことになります。日本のクレジットを

真面目に手掛けるヘッジファンドは個人的な感覚で30社くらいという印象ですが、100社あっても1社当たり25億円です。その4分の1が報酬に回ったとして1社で6.25億円、業界全体の給料だけで625億円支払われたことになり、フェラーリを買うのに十分な報酬をもらった人がたくさんいることになります。

　その銘柄については思い返してみても、投資分析とはここまでやるものだというプロ根性を見せつけられました。彼らの調査に関する努力と熱意、そしてお金に対する執念には凄まじいものがありました。結局、投資で成功するのに一番必要なことは、どんなことをしてもお金が欲しいと思う焼けつくような執念なのかもしれません。

# 第7章 日本の社債市場の特徴

「はじめに」で「日本の信用リスク市場には構造的な問題があり、その歪みに注目することで超過収益を得る機会」があると述べましたが、その歪みについて本章で解説します。

ここでいう歪みとは、「売却価格が不当に低く、売却するのは正しい投資行動だとは思っていない投資家が、それを認識したうえで、それでも売却せざるを得ないような状態」や、「投資効率よりも社内の人事評価を優先するため、不当に低い価格での売却を実行する」といった状態を指します。市場にそのような投資行動をとる投資家がいれば、確実に利益をあげることができます。

世界中のヘッジファンドがこぞって日本の社債市場に参入したがる理由もそこにあります。ヘッジファンドというと果敢にリスクをとり、損失を恐れず勝負するアグレッシブな投資集団というイメージをもちがちです。しかし実際は、市場の歪みや制度矛盾のようなものを突いて儲けるべくして儲けるのが彼らの基本的な手法であるといえます。

1992年のポンド危機で、ソロスらがイギリス政府相手にポンド売りを仕掛けた勝負も、構造的な歪みの破綻のきっかけを押しただけというのが実態ではないでしょうか。あのときは、イギリス経済が停滞し、**ERM（欧州為替相場メカニズム）**によって維持されるべき水準になかったにもかかわらず、政治的な理由で無理やり維持しようとして、通貨防衛のために金利を上げ、さらに経済が悪化するという歪みでした。つまり為替水準を維持できないとイギリス政府がわかっていたにもかかわらず、やらざるを得なかったという状況が歪みだったのです。

現在も世界の金融市場にはあらゆる歪みが存在し、それらは政治家の都合や外交上の都合、権力者の欲や市場参加者の欲などが絡み合って地上からなくなることはないと思われます。そして、ヘッジファンドは世界を見回して一番とりやすい歪みに群がります[5]。筆者の知りうる限り、ヘッジファンドの運用者たちは優秀で勤勉で大変な努力家ですが、決して特殊な才能のある集団ではありません。

## 1 歪んだ市場の実態

特に社債市場で観測できる実態を以下に挙げます。知識も経験もある機関投資家がなぜ以下のような投資行動を余儀なくされているのかを理解することが、投資するうえで重要なポイントとなります。

### ① 買うときは高値、売るときは安値

社債は、一部の個人向け債券を除いて基本的に機関投資家向けに発行されます（図表7-1）。バイ・アンド・ホールドを基本とする日本の機関投資家は、新発債を買うときは割高なものを買い、信用力が低下した場合や会社にとって悪いニュースが発表された場合などに売却するときは売却損を伴って売却することが多く見受けられます。

### ② 外部格付に依存した投資判断をする

日本の機関投資家は投資対象の信用リスクをまったく分析しないとはいいません。しかし、基本的に外部格付に強く依存し、購入時は外部格付が一定以上に高いモノに限定して行い、保有期間中に格付が一定以上、低下すると、価格にかかわらず機械的に売却し、損失が発生する場合が多いのが現状です。

---

[5] 皮肉なことに、最近はヘッジファンドが肥大化し過ぎて、この手の歪みがすぐに収束してしまい、ヘッジファンドの収益機会が大きく減少してしまっている。

図表7-1　社債の投資家別保有状況

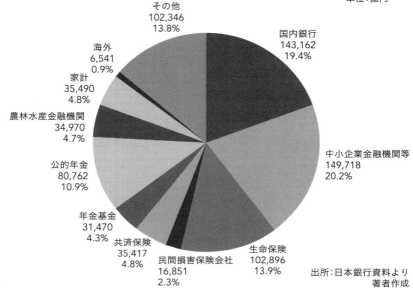

この「一定以上、低下」したとの判断基準は、「投資適格」と「投資不適格」であることが多いため、この点について少し説明します。

「投資適格」については第一部でも説明しましたが、「投資適格」であるからといって、満期まで絶対に倒産しないというものでもありません。それにもかかわらず、プロの格付会社から「投資適格である」と評価された債券は「安全資産であって、倒産リスクはない、したがって信用リスクを気にせず投資をしてもいい」という印象を与える傾向があり、日本のクレジット市場の構造問題の一因となっています。日本における構造問題と収益機会はこの「発行時に投資適格であったものが、業績悪化によって投資不適格に格下げになったとき」が一番のチャンスなのです[6]。

---

[6] なぜBBB以上が投資適格で、BB以下が投資不適格になったかという点については、米国の政策が起源のようである。森田隆大氏の『格付けの深層』によれば、格付の効果は大恐慌の後、市場で認知されたことから行政当局が利用を始め、1931年に連邦通貨監督庁によって、BBB格以上の債券は原価計上できるが、それ以下については時価評価をしなければならないという規則が導入され、他の州の規制当局も追随し、その後、1936年に

## 3 ネガティブなニュースに過剰反応する

「大幅な赤字を計上し自己資本が減少する」「海外で訴訟される」「法令違反が見つかる」といった発行体のネガティブなニュースには過剰に反応し、実際に信用リスクへの影響がどのように現れるかという分析結果にかかわらず、売却に動く傾向が強いです。売却のタイミングとしては、ネガティブなニュースが出て直ちに売却する場合と、証券会社などの提示する買取価格が低下し、評価損が一定以上に達した時点でリスク管理ルールに則って売却を実行する場合とに大別されます。

## 4 横並びの投資行動をとる

日本の機関投資家は基本的に似たような投資行動をとる傾向があります。このため、買うときは割高であってもさらに買い進まれる一方、ひとたび売却に転じると一気に投資家不在となって外資系やヘッジファンドが買いを入れる水準まで価格が下落します。こうした行動パターンは銀行や信用金庫などの自己資金を運用する金融機関に限らず、投信投資顧問などいわゆる顧客の資金の運用を生業としている機関においても同様な動きが見られます。もちろんプロのファンドマネージャーたちは状況を十分理解し、起こす行動が非効率的であることを承知のうえで、それでも同じような動きをせざるを得ないのです。

## 5 ハイイールドのプロが少ない

国内機関投資家のなかに積極的にハイイールド・低格付債に投資するというスタンスがないため、ハイイールドのプロが育ちにくいというのが実情です。

積極的な意味のプロがいないのはある程度は仕方がないといえますが、問題は消極的な意味でのプロも少ない点です。消極的な意味のプロというのは、クレジットが悪化して、格下げや債券価格の下落が発生した場合に、実現損を

---

連邦通貨監督庁が連邦政府認可銀行に対して投機的な要素をもつ債券へ投資することを禁止。規制の導入にあたり、当局は「投機的」の意味を詳しく定義することなく、BBかそれ以下の格付がそれに該当するというルールを作った、とある。この80年も前の米国のルールが現在も影響し続けている。

伴ってでも売却しなければいけないか否かの判断を的確に下せる投資家を指します。売らなくてもいい銘柄を安値で売却することは会社の損益にとって非常に大きなマイナスとなります。震災以降、大幅な評価損が発生した銘柄もありましたが、評価損を抱えた状況下で、売却して実損を出すか、あえて保有し続けるかという判断が経営に与えたインパクトは極めて大きなものです。

以上のような構造問題に目をつけた外資系金融機関やヘッジファンド、華僑系プライベートバンキングの投資家が投資機会を的確にとらえて、巨額の利益を享受する事態となっています。

## 2 構造問題が生まれた背景

ここからは、前述のような構造問題がなぜ発生したのか考えていきます。

### 1 非効率な投資ルールを正統化しやすい

日本の機関投資家に多く見られるのは、ローリスク・ローリターン型の投資です。典型例は、投資適格債に投資して原則満期保有（バイ・アンド・ホールド）するタイプであり、構造的な論理矛盾が内在しています。というのも、彼らが投資適格債に投資する理由として、「（通常投資している）国債だけでは利回りが低いから、リスクをとらない範囲で利回りを高めたい」という発想がベースにあります。つまり、倒産リスクのない社債に投資するのだから上乗せ金利は低くても仕方ない、と考えているのです。

一見、正論に聞こえますが、これは「信用リスクをとるが、信用リスクはとらない」といって自己矛盾を露呈しているのと同じことです。ここで問題にすべきは、リスクフリーでない債券に投資するからにはそのリスクに十分見合ったリターンが得られているかどうかであって、「事業債だが、倒産しないものを選んでい

---

[7] T+10、トレジャリー＋10bp（ベーシスポイント）などと表現される。
[8] 信用リスクを反映した上乗せ分が少なくなること。リスクフリーとリスクありの金利の間が狭くなることから「タイトニングする」といいます。その反対はワイドニング。

る」という前提は間違っているのです。

　さらに、「倒産しない」という前提で投資適格の社債に投資するものの、リスク管理はしなければなりません。「格付が下がったら、損を出してでも市場で売却することにより一定以上の損失の発生を管理する」というルールが、多くの国内の機関投資家では併存しています。これも一見、正論に見えますが、このような投資行動をとると次のようなことが起きます。

　たとえば、クーポンが同年限の国債に0.1％上乗せされた銘柄があるとします[7]。事業会社の信用力が国よりも高くなることは基本的にないため、社債のスプレッドはマイナス（国債よりも利回りが低いこと）にはなりません。したがって、T＋10の社債で5年満期のものに投資するとタイトニング[8]余地はせいぜい5bp程度、価格にして25bp（100円につき25銭）くらいしかありません[9]。

　一方、どんなに業績のよい会社でも、急激に悪化することはよくあります。巨額赤字計上のニュースなどにより、スプレッド（金利の上乗せ分）が200bpくらいワイドニングすることも珍しくありません。5年債であれば、単純計算で10円程度の下落になります。そうなると価格上昇余地は100円につき25銭程度、下落の余地は10円程度となり、下落幅が上昇幅の40倍程度ということになるのです[10]。

　このように評価損の下振れリスクが高く、保有期間中に売却しなかったとしても期間損益を大きく痛めることになり、一方その損失を埋めるための原資はスプレッドの10bp（0.1％）しかありません。それも自分の調達コストが国債と同様の場合の話です[11]。

　なお、これは評価損益の話であり、第4章で述べたように、満期までの間に倒産が起きずに満期日まで我慢して無事に償還されれば最終的には損失を被らないで済みますが、「投資適格でなくなったら売却する」というルールになっていると、格下げになって価格が下落し、流動性も低下したところで売却せざるを得なくなり、実損が発生することになります。

---

[9] 単純化するためデュレーションは5年で計算。
[10] 細かくいえば5bpタイトニングする確率と200bpワイドニングする確率の差なども考慮する必要がある。

かつ、このルールを適用しているのは日本の金融機関のほとんどです。このため価格形成に偏りが発生し、A以上のような格付の良い銘柄のクレジットスプレッドが割高になり、損切りラインであるBBB－やBBになると流動性が極端に低下し、価格も大きく下落してしまいます。同じ行動に出る金融機関が多いことがその傾向を増幅させます。

したがって構造的に高い債券を買い、安く売ることになります。事実、消費者金融、シャープ、オリンパスやREIT債など、発行当初のスプレッドはタイトでしたが、格下げによる価格下落時に売却した金融機関には実損が発生した一方、社債は満額で償還されたという例は多数存在しています。

このような場合は分析の対象も「高格付銘柄にどのくらいの確率で一定以上の格下げが発生するか」という点に集中しますが、そもそもこのパターン、つまり当初から割高なものに投資するという投資行動は、投資効率が悪く避けるべきであり、そこからいくら価格が下がる可能性があるかということを分析しても、投資成績が向上するわけではありませんので、そのような分析にはあまり意味がありません。

保有期間中にどんなに格付が低下し、債券価格が下落しても、満期日まで倒産しなければ満額が返ってきます。途中の下落局面には売らずに、満期まで倒産しなければいい、最後の一線を超えなければいい、という観点で分析すればいいように思えます。

しかし、そもそもそんなリスクを途中で許容するのであれば、当初から価格下落リスクしかないような上乗せ金利の低い銘柄には、やはり最初から投資すべきではないのです。もしくは高格付銘柄に投資した場合、格下げの可能性や売却に伴う実損のリスクなどを十分に加味したうえで、投資判断をすべきなのです。

現状で運用ポートフォリオに組み入れる格付がA以上といった銘柄選定を行う場合は注意が必要です。何らかの事故などによって信用力が大きく毀損し投

---

[11] 銀行のファンディングに関しては、金利がほとんどつかない普通預金の存在も重要である。調達コストの考え方はより複雑だが、その点もここでは簡素化して議論している。

資不適格に格下げになり、それに伴って売却損が発生したような事態に至ったときのことを考えてみてください。その損失を埋めるだけの金利の蓄積がない収益構造のため、そのような方針で**ポートフォリオ**（投資する金融商品の組み合わせのこと）を構築すると、全体としては国債だけ買っていたほうが運用成績は良かった、という例が後を絶たないのです。

## 2 証券会社の人事評価やインセンティブとの関係

投資に勝ち負けはつきものであり、リスクをとる以上、損失が発生する可能性を排除することはできません。またリスクをとらなければ見返りの利益を得ることもできないのも当然です。

したがって、金融機関がリスクをとるという経営判断をすることは当然であり、問題は「リスクをとるのかとらないのか」ではなく、「とるリスクをいかにして管理するか」ということなのです。リスクをとることが本業なのですから、運用として為替や金利や株式のリスクをとる場合に、「損失は絶対に許されない。ドル／円取引に際して、わずかでも評価損や実現損が発生することは許さない」ということはありえません。株式投信等に投資した場合も「わずかでも評価損や実現損が発生することは許さない」などという姿勢でないのと同じです。

本業の融資に関してですら、不良債権の発生をひとつも認めないということはありえないはずです。これは当然ですが、社債投資に関しては、まったく事情が異なります。社債に投資して、その発行体が法的に倒産し、その結果として損失が発生することは決して許されないのです。

極めて不自然な現象ですが、全国共通の状況であり、理由はさまざまあると考えられます。ひとつには金融機関のうち、とりわけ銀行にとって融資業務を本業とするのに対し、有価証券投資はあくまで副業の位置づけにあることが影響していると思います。融資であれば債務者と直接契約をするため、人的関係もあり、担保設定などの保全措置をとることもできます。預貸率が高くなるという

メリットもあります。一方、社債投資となると債務者である発行体と面識がない場合がほとんどであり、通常は担保もつきません。さらに融資は本業であり「積極的に営業してまで行うもの」ですが、有価証券投資はあくまで副業であり、証券会社からの提案を受けて消極的、受け身の姿勢で行うもの、という位置づけになることも、損失を出したくないというリスクテイクの姿勢に影響を与えていると思われます。

　以上のような事情から、機関投資家の社債投資における発行体の倒産はまったく許容されず、万が一保有ポートフォリオの一部にでも倒産が発生すれば、担当者の人事評価にとって極めて重大な失点となるのです。

　一方でハイイールド投信などに投資し、組み入れている社債にデフォルトが発生して、投信の価格が大きく下落するような場合は、許容されることが多くなっています。こちらは金融市場における相場変動の一環と見なされるためのようです。投信の中に倒産した銘柄が組み入れられていても、その判断をしたのは投信を買うと判断した投資家ではない外部の運用者であり、その個別銘柄に投資すると判断したのが自社の人間ではない、ということが組織上では重要な意味をもつのです。
　このことは正しいか正しくないかではなく、国内の金融機関に共通する事実であると認識しておく必要があります。

　実は同様の問題は、外資でも一部起こっています。
　自己勘定での投資を相当な規模で行っていた米系投資銀行において、ある社債の発行体が倒産した際は、それまでの利益の蓄積のほうがはるかに大きかったにもかかわらず、数名が解雇される事態が発生しました。このときは、保有していた債券や株式の発行体の倒産が許されなかったのではなく、発生した損失額が大きく、リスク管理が不十分とみなされたことが主たる原因であると思われます。ただ、その点を割り引いても、「倒産した会社の債券を保有して

いた」という事実が影響していたといえるでしょう。

　以上のような環境において、信用リスクをとって超過収益を上げようとする行動は、人事評価を高めるには非常に効率が悪く、万が一でも投資対象がデフォルトしてしまった場合のマイナスが大きすぎるのです。それであれば何もしないか、高格付の債券に投資し、わずかなスプレッドを得て、ネガティブなヘッドラインが出たときに売却損を計上しておくほうが明らかに無難です。

　また融資業務を中心とする金融機関において、市場部門や投資部門は非本流出身者が一般的で、役員や経営トップに上り詰めるメインラインでないことが多いのも実情です。そうなると、さらに信用リスクをとって高収益を上げようというインセンティブが働きづらくなります。出世しないまでも収益を上げれば定年前に引退して十分な暮らしができるほどのボーナスを得ることができれば、それでもやろうと思う担当者がいるかもしれませんが、日本の金融機関においては直接の担当者がさほど報われない報酬体系になっているのが現状です[12]。

## ❸ 当局の保守的な態度が助長

　金融庁や日本銀行の監査や考査が、事態を助長している面も否めません。当局関係者は日本の金融システムの健全化・安定化のために職務を全うしようとしているだけなのですが、結果的に金融機関にとって説明のしやすい方向に流れてしまうように思えます。

　つまり、高い信用リスクをとる場合は、なぜそのような判断をしたのか、分析の根拠は何か、信用状況についてどのような体制をモニターしているか、何か発生した場合にはどのような対処をするつもりか、最終損益への影響はどうか、その場合の自己資本への影響はどう考えているか、などの点について細かい説明を当局にする必要が出てきます。一方、格付の非常に高い銘柄に限って投資していれば、そのような説明はしないで済みます。

---

[12] これはこれで一時の外資系のように、会社の資本で思いきり博打を打って当たったら巨額のボーナスをもらって退職するか、外れたらさっさと辞めてしまうという行動を助長した部分があり、健全とはいいにくい。

当局としてもバブル崩壊後の日本の金融システム崩壊を阻止し、安定化のために厳しく徹底的な検査を行う必要がありましたが、それ以降、金融機関サイドにわずかなリスクもとりたくないという方向に経営の意識が変わってしまったという背景があるようです。

　前述のように、基本的に金融機関の有価証券ポートフォリオにおいては信用リスクの高い銘柄を保有することは稀であるため、相対的に信用力の高い銘柄や、新聞報道などで不祥事が取り上げられたような銘柄が含まれていると、検査する側の目に留まりやすくなってしまうのではないかと思われます。

## ❹ 運用委託者が素人であるということ

　運用に関して悩ましい点のひとつに、運用を委託する委託者の知識レベルが低いという問題があります。

　企業年金の運用などにおいては、企業側の担当者は人事ローテーションの一環として、運用とは関係がない畑を歩いてきた役員などがその担当となる場合も多くなります。日本における人事ローテーション上、重要なのは評価上マイナスがつかないようにすることであり、運用に関しては「運用者をどういうプロセスで選んだか」「運用ルールを守ったか」という点が注目されます。

　運用者の選択プロセスにおいては、運用結果が悪かった場合の説明がつくことが重要であり、過去の運用成績（**トラックレコード**）が良い、大きい、有名、他の皆も委託している、等がポイントとなります。本来素人であれば余計なリスクはとるべきではありませんが、担当である以上、一定以上の運用成績を上げることも当然求められます。そうなると「報告されている、あるいはパンフレットに載っている（過去の）トラックレコードが良かったから」という理由で運用者を選ぶというミスも起きてしまうのです[13]。

　また、企業年金の運用を委託するうえでの運用ルールが障害となりえます。どの年金であれ、すべての制約なしで、運用機関に完全な自由度が与えられ

---

[13] 運用者選定の失敗で有名なのは2012年に起きたＡＩＪ投資顧問事件であるが、この事件もそういったことが背景にある。

ることは基本的にあり得ません。そして運用ルールはBB格、いわゆる投資不適格の社債を投資対象にはしません。年金に関してはパッシブ運用の採用者も多く、その場合は有名なインデックスを使う場合がほとんどです。社債のインデックスは格付がAレンジより下がると構成銘柄から外れてしまうため、それに伴って自動的に売却する場合が多くなります。

　もちろん、そういったルールを採用している場合でも、例外的な処理を行うことが可能になっている場合もあります。リーマンショック時のクレジット市場の大混乱時には日本の大手銀行の格下げが起き、保有ルールに抵触する状況に陥りました。当時の市場環境は非常に悪く、銀行シニア債の売却ですら額面を大きく下回り、売却しようとすれば額面の7割程度で投げ売りをしなければならない状態となりました。いくら市場が混乱しているからといって大手銀行を法的に処理するというのは事実上不可能であり、政府もそういった対応をしないことは明白でした。

　したがって、プロである当時の運用担当者は、年金運用を委託している企業の責任者に一時的にルールを適用せず、銀行シニア債に関しては格付基準を適用せず、保有継続を認めてもらうべく説得しました[14]。しかし、企業側の担当役員もローテーションでの年金担当にすぎない場合が多く、投資判断のプロではありませんでした。そのため、ともかく例外を認めたがらなかったのです。

　ここでも人事評価の問題があります。例外を認めて大きな損失を回避することができたとしても、万が一銀行が倒産してシニア債に損失が発生してしまえば、ルールに従わず、独自の判断で保有を認めた担当役員の評価にとってはまさに致命的になることは確実です。大手銀行の法的処理の可能性がほんのわずかであっても、担当者にはそれを認めるより、ルールに従って淡々と処理を進め、自分のキャリアに傷がつかないようにするほうが正しい判断ということになるのです。本来、年金運用担当の役員であれば投資に関する高い知識が必要ですが、一般事業会社において役員クラスに投資の専門家がいないのは当然であり、それもあってプロの運用者に委託しているのです。

---

[14] 優先出資証券や劣後債の元本毀損リスクならまだしも、さすがに大手銀行の法的破綻処理によるシニア債のデフォルトはないと考えるのは妥当だろう。

# 3 割高・割安の傾向

前述のような状況から生じる具体的な割安商品について簡単にまとめます。まずは、すでに述べた低格付銘柄です。

投資適格と投資不適格の間の需給バランスが非常に悪いため、本来的な価値から割安であればヘッジファンドが投資しそうなものですが、流動性が低下しているため、一定以上に価格が下落した場合の**ロスカット**（それ以上損失が膨らむのを防ぐために、反対売買をして損失を確定する行為）が容易でなく手を出しづらいのが実際です。低格付で流動性の低い銘柄を満期保有できる投資家がいれば投資妙味がある、ということになります。電力債についてはJCRの格付がAであったこともあり、相応の流動性が確保されていました。「流動性があり、格付も高いにもかかわらず、価格が大幅に下落した」という極めてまれな展開となりました。

## 1 短期の低格付銘柄

日本の機関投資家の多くが、格付会社の格付を投資の対象としていることは前述の通りですが、ここでいう格付はいわゆる長期格付のことです。長期格付は債務の満期が1年以上の物を対象としますが、公募債の年限が5年程度に設定されることが多いこともあり、格付の判断となる対象期間は3年程度が目安とされます。企業の信用力評価を3年程度の期間で行うためには、景気サイクルや技術革新、新規参入や国際競争などを織り込まざるを得ず、事業のボラティリティが高くなります。事業のボラティリティが高くなれば、そのリスクを十分に吸収できるだけの財務基盤が現時点でない発行体は低い格付しか付与されません。

格付は基本的に個別の債券ごとに付与されているため、発行してから時間が経過したことにより満期までの期間が短くなった債券については別の評価をす

べきです。短期と長期の区別は満期までの期間が1年を切るかどうかで判断されることが多いのですが、発行時に長期債であった銘柄に関しては、満期までの期間が1年を切り、1週間になっても長期債の格付がそのまま適用されます。これはまったくおかしい話であって、満期までの期間が1週間と3年のリスクでは完全に別次元の議論です。

　期間が短くなれば景気サイクルや事業環境リスクの影響は非常に小さくなり、単純な資金繰りだけの問題となるためです。たとえばどんなに足元の事業環境が悪く赤字を出し続けても、対象となる債券の満期までの間に他の債務の満期が到来せず、償還日に必要な資金繰りが十分であるような銘柄については、それでも単純な格付制限で買えない投資家がいることから割安に放置されている場合が多いのです。

## 2　中途半端な利回りの銘柄

　これまで述べてきたように、日本のクレジット市場においては制度（社内ルール）の歪みに注目した投資機会が多く存在します。これまで、ヘッジファンドたちは、投資機会があれば見逃さないはずだ、と述べてきました。もしそうなら、投資機会はヘッジファンドによってすぐに利用されてしまい、現在のような状態はすぐになくなってしまうはずです。それでも、なぜこのような状態が放置されているのでしょうか。それはヘッジファンドに課された制約に理由があります。

　ヘッジファンドは多くの場合において流動性のあるものに投資しています。投資において投資効率を高めるために投資した債券を担保に証券会社や銀行から資金を借り入れ、レバレッジをかけて投資を行うことも当たり前のように行われます。レバレッジをかける場合は資金提供側からのニーズもあり、いつでもポジションを解約して換金し、借り入れた資金を返済できる状態にしておく必要があります。しかしながら前述のような理由で格付の低い銘柄は流動性が非常に低い場合が多く、そうなると、いくら割安に放置されていてもヘッジファンドは手を

出しづらい状態となります。またプライベート・エクイティ・ファンドのように基本的に長期投資で投資期間中の流動性があまり要求されないという場合もありますが、その場合は要求リターンが非常に高くなります。そうなると流動性が低く、リターンがヘッジファンドの要求水準に満たない（ヘッジファンドの目線は年率で15％くらいであることが多い）、つまりヘッジファンドが手を出しにくい低格付銘柄に構造的な割安銘柄が存在する可能性が高くなるのです。

　次の2点については、構造的に大幅に割安になっている、というものではなく、同じ格付対比で相対的に割安といった例です。投資適格限定でしか投資できないという制約の中で、あえて相対的に割安なものを探すうえでは参考になるかもしれません。

### ❸ 外貨建債券

　必ずしも割安とはいえませんが、外貨と円では需給環境が極端に異なるため、価格に相応の歪みが起こりえます。

　ドル建てのスプレッドが円建てのスプレッドよりもワイドだからといって、「割安である」とはいえませんが、ドル建ての債券を円建てにスワップしてもなお、もとから円建てである債権よりもスワップ後の債券のスプレッドのほうがタイトであることが多いのも事実であり、その意味では外貨建ての債券のほうが割安であるといえなくもありません。この点については発行体の資金調達上の事情などが影響していますが、構造的に割安なものが存在していると考えるほどのレベルでもありません。

### ❹ 転換社債

　転換社債は第1部で説明したように、個別オプションと普通社債とを合わせたものですので、オプションの分[15]だけ、クーポンが低く設定されます。そうな

---

[15] 投資家からすれば、個別株のコールオプションを買っているのと同じである。

図表7-2　転換社債のしくみ

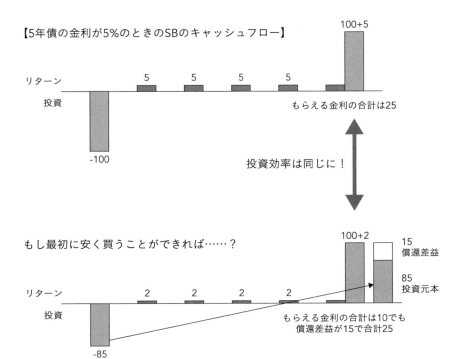

ると社債部分を普通社債として投資するためには、足らない部分を元本償還の日の償還差益で穴埋めしなければなりません。単純な例を示すと、図表7-2の通りです。

5年債の金利が5％のときのCBのクーポンが2％とした場合のキャッシュフローと、5年債の金利が5％のときの普通社債のキャッシュフローとであれば、後者の投資効率が良いことになります。しかし、最初に安く買えば、償還差益と金利を足すことでほぼ同じ投資効率となります[16]。

スワップなどを使って、キャッシュフローを整えた別の債券の形にして投資家に販売されます[17]。すると、投資効率は同じになりますが、もとのキャッシュフローが歪んでいる分だけ敬遠されて転換社債の価格が安くなる、つまり投資利回りが高くなる傾向があります。また、通常は普通社債の発行を行わない発行体の場合は信用リスクに投資する投資家が分析しなれていない場合も多くなっています。まったく新しい銘柄となると新規にクレジット分析および社内の承認取得手続きをすべて行わなければならず、作業効率も悪くなり、これも敬遠理由となりえます。つまり、CBのリパッケージ債は割安になる傾向があります。

それ以外に、投資サイドの担当部署をどうするかという問題も発生します。通常の金融機関は株式担当部署と債券担当部署では役員レベルでラインが異なっていることも多く、互いに他の役員の所轄部署には口出しをしないと決めている会社も多いものです。その場合、株式の要素もあり債券の要素もあるCBについてはその扱いが曖昧であり、結局どの部署の担当者も投資対象としないといった現象が少なからず発生します。クレジットリスクはとれたとしても、会社組織上の理由から投資対象から外してしまうのです。

---

[16] 厳密には投資元本が下がるため、87円くらいになる。
[17] 第2章でも触れたとおり、CBのリパッケージ債はオプションの要素が除かれ、キャッシュフローの歪んだ普通社債として価格が決められる。

# 4 社債市場の歴史概観

　以上、紹介してきた現状のほか、これまでの日本の金融市場の歴史も当然影響を与えています。ここで日本の社債市場の歴史を簡単に振り返っておきましょう。

### 日本における社債の歴史

　社債の歴史については、徳島勝幸氏の著書『現代社債投資の実務』（財経詳報社、2008年）に詳しく、著者の了承を得て一部を紹介します。

　日本において最初の社債発行は1890年の大阪鉄道によるものでした。その後1898年に上場される社債が登場し、1905年には担保附社債信託法が施行されます。実際に発行されたのは8割程度が無担保であったらしく、大正時代後半にはデフォルトが多発、社債権者集会の規定もなかったことから、引受会社に対する批判が高まったようです。その結果、社債には原則としてすべて担保をつけるという運動が引受会社の間で展開されました。

　そこから先は戦時経済に突入して、現在と比較しても仕方ない面がありますが、当然のようにあらゆる面で起債は政府の統制下に置かれ、戦後になっても日本銀行を中心とした厳格な規制下にありました。

　戦後は規制緩和が徐々に進み、無担保転換社債が発行されたのは1973年のことです。さらに国内市場で無担保普通社債が発行されたのは1985年まで待つことになります。その意味では日本における普通社債の歴史は実質的に30年程度しかありません。さらに規制緩和が進んだのは1995年3月に大蔵省によって「社債の適債基準の撤廃について」が発表されたときであり、翌年から適債基準が撤廃され、無担保社債に付されていた財務制限条項を自由化することになりました。その意味では今日的な市場環境となってから20年程度しかたっていないのです。

## バブル崩壊で受けた痛手

1995年の改革で、社債市場が正常化（ここでいう正常化とはリスクの高いものにはそれなりのプライシングがなされ、信用リスクの悪化した銘柄は政府による意図的な先送りや救済は行われずに、市場原理に基づいてデフォルトも起こりうる、という意味です）に向かうはずでしたが、今度は外部環境が極端に悪化していきます。

1996年の日本といえばバブル崩壊が金融システムを蝕み、システミックリスクが顕在化する直前というタイミングでした。それまでは信用リスクの低い優良企業のみが起債を許されていたため、デフォルトが極めて発生しにくい状況にあったという管理相場から、ようやく脱却かと思われた矢先、未曾有の金融危機が始まってしまうのです。

バブル崩壊はご存じの通り、株式や不動産投資に失敗した企業とそこに融資した金融機関の財務が極端に痛んでしまう状態が発生しました。東京協和信用組合、安全信用組合、コスモ信用組合、木津信用組合、兵庫銀行、住宅金融専門会社などが次々と破綻していきましたが、金融機関が破綻したとはいえ、法的な倒産ではなかったことから一般個人や投資家が直接クレジット損失を被るという事態には至っていません。

住専（正式名称は住宅金融専門会社[18]）に関しても基本的に損したのは融資をしていた銀行であり、社債市場や個人投資家に損失が及んだわけではありませんでした。その意味ではクレジット市場に混乱が波及しないような防波堤のようなものが機能していたといえるのです。

破綻はもちろん金融機関にとどまるはずはなく、上場企業も次々破綻に追い込まれます。ただタイミング的に前後するが、東食に関しては社債の償還について銀行が融資した直後に破綻するという明らかに社債市場の混乱を回避するような動きも見られました。そこでもまだクレジット市場には直接的な影響は及ばなかったともいえるのです。

金融機関も経営破綻しましたが、「倒産処理によって関係者の誰かが想定外に損する」という事態は避けられていました。地方銀行の破綻も倒産ではなく、

---

[18] 日本住宅金融、住宅ローンサービス、日本ハウジングローン、第一住宅金融、住総、地銀生保住宅ローン、総合住金、協同住宅ローン。

劣後債の処理も奉加帳式で処理され、住専に関しても国が供出した資金の金利で時間をかけて処理するという形となりました。

**クレジット市場を揺るがした日産生命の破綻**

　実はクレジット市場の状況を変える事件となったのは、1997年に起こった日産生命の破綻でした[19]。

　当時、銀行や信用金庫の破綻処理についてはある意味準備ができていましたが、生命保険会社の破綻処理スキームがほとんどない状態だったのです。生命保険会社は元来、毎月の現金収入が安定的に発生する一方で個人年金などの払い出しははるかに先であり、資金ショートには極めて陥りにくい構造です。生命保険会社が資金ショートする可能性があるのは、解約が大量に発生して、巨額の解約資金を用意しなければならないにもかかわらず、基本的に長期投資をしているために流動性が極端に低下してしまう場合ぐらいです。

　そういう状況もあり、当時は生命保険会社への与信リスクを真剣に心配する投資家は極めて少数でした。生命保険の個人年金などは銀行預金と同じように考えられていました。そのため、予定利率の高い生命保険会社に個人年金としてすべての財産を委ね、そのお金で老人ホームに必要な月々の出費を賄うことすら珍しくありませんでした。

　しかし、日産生命の破綻については、個人年金契約者などの個人に損失が及んだことが、クレジット市場に衝撃を与えたのです。銀行の破綻処理において絶対に避けなければならない、預金元本が毀損するのと同じ事態が起きてしまいました。なぜそんなことが起きてしまったのでしょうか。当時の大蔵省はなぜそのような事態を認めてしまったのでしょうか。それは、当時の破綻処理費用見積もりが、実際に発生した金額より少なく報告されていたことに原因があったと思われます。日産生命の破綻時の債務超過額は約1850億円、総資産は約2兆1200億円でした。

　戦後初めての生命保険会社の破綻であり、当時は金融機関等の更生手続き

---

[19] 1980年代後半、高い予定利率の個人年金を販売することで、固定金利の負債が急速に拡大したところに1990年代に入って、金利が低下したことから膨大な逆ザヤが発生。その逆ザヤを埋めるべく、過度なリスクをとることになった。株式による投資にも失敗し、破綻に至った。

の特例等に関する法律も保険会社への適用を想定していなかったことから、保険業法に基づく処理が行われました。生命保険会社は相互会社という形式をとっていたことも、処理スキームを限定することになります。

保険管理人が保険契約の受け皿会社として設立した、あおば生命への契約移転の方式によって処理が行われました。

問題になったのは、破綻処理費用原資である保険契約者保護基金です。同基金から2000億円の資金が供出されたのに対し、処理費用は当初の債務超過額である1850億円をはるかに超えて肥大し、最終的に2906億円になります。2000億円あった基金からの拠出金は底をついてしまうのです。処理資金がない以上、保険契約者に損失をつけまわす以外に方法がなくなり、既契約の予定利率を一律2.75％に引き下げるとともに、7年以内の解約に対しては解約返戻金を最大15％削減する規定が盛り込まれたのでした。

前述の信用金庫や地方銀行の破綻においては、個人の預金者に損失が及ばなかったことから、全国的な取り付け騒ぎには発展しませんでした。しかし、日産生命の破綻、および個人契約者に損失が及んだというニュースは、急速な生命保険会社からの資金流出を招きました。それを機に、生命保険会社の連鎖的破綻が始まります[20]。

日産生命の破綻と同じ年に、北海道拓殖銀行、三洋証券、山一證券と大型金融機関の破綻が毎週のように発表され、その後2001年9月にはついにマイカルの普通社債がデフォルトするに至ります。2003年には足利銀行が経営破綻しました[21]。

社債の自由化が本格的に進んだ時期が日本の信用リスク環境の最悪時に重なってしまったことが、社債市場を完全なリスク回避状態にしてしまった一因であると筆者は考えています。クレジット市場においてはある意味で健全な倒産が発生し、信用損失も顕在化しますが、それを十分補えるだけの市場全体の金利収入があり、分散効果も認められ、流動性も十分に存在しなければ市場の

---

[20] 生命保険会社の破綻処理には、更生特例法が採用され、2000年10月 千代田生命保険適用。2000年10月 協栄生命保険適用。2001年3月 東京生命保険適用。2008年10月 大和生命保険適用。
[21] 小泉純一郎内閣総理大臣を議長とする金融危機対応会議が首相官邸で開催され、2001（平成13）年に制定

発展は難しいといえます。しかし日本ではそれが整う前に、それらを吹き飛ばしてしまうような事態に進展したのです。

### 日本の無担保社債市場は成熟タイミングを逃した

その後、日本の不良債権問題を処理するために小泉政権が行ったことについてここでは詳細には触れませんが、当時のクレジット市場で起きた印象的な出来事を少し述べます。

当時の生命保険会社は基本的に相互会社で普通社債は発行しておらず、市場への直接的な影響は軽微でした。一方、銀行の負債性資本商品は随分と注目されました。クレジット市場においては銀行が健全な経営を保てずに経営破綻に至るという事態は珍しくなく、普通に起きる事象だということを認識したわけですが、そのことと銀行の発行する普通社債と期限付き劣後債、永久劣後債、優先出資証券などの信用リスクに対する評価が相当混乱しました。

経営状態が芳しくない発行体の信用リスクをとらないようにする、という行動は間違ってはいません。しかし、そのことと、新発債を額面で購入した後に銀行の経営が悪化し、それを受けて額面を大きく下回る金額で売却し、大幅な実現損が発生するということとは別の問題です。

1998年に国有化された日本債券信用銀行と日本長期信用銀行の発行するシニア債券に関しても、市場参加者に大きな誤解が蔓延していました。

クレジットリスクに関しては、満期日に倒産していなければ満額で償還されます。期中の評価損益の振れに耐えられるのであれば法的倒産処理にさえならなければ回収できるというのは何度も説明した通りです。

したがって、銀行のシニア債券に関しても「会社更生法や民事再生、もしくは破産処理に移行してしまうか否か」を分析すべきであって、「経営状態が悪く、国有化されてしまうかもしれない」という心配をすべきではないのです。その国の金融システムを担う大手の銀行は、国家的なインフラであり、特に決済機能を有している場合、法的倒産処理は政府にとって膨大な行政コストが発生する

---

された預金保険法102条第1項の3号措置による一時国有化（特別危機管理）が決定された。これに伴い、足利銀行および上場親会社のあしぎんフィナンシャルグループは会社更生法を東京地裁へ申請し、名実ともに経営破綻した。

ことを意味します。この点で、一般事業会社と銀行は決定的に異なります。通常の場合、破綻処理の原資は株主と債権者が負担します。銀行の破綻処理においても株主が全損となった例は多いですが、債権者に損失が及んだ例は日本振興銀行くらいです。日本振興銀行の処理は特別であるので別途解説します。

　銀行の破綻処理と債券の毀損リスクについては市場で大きな誤解が見られましたが、この点は投資家に冷静な分析が足りなかったのが原因であると思っています。

　筆者は2000年からセルサイドのクレジットアナリストをしており、銀行信用リスクに関してかなり幅広い投資家と議論をする機会をもつことができました。本邦の投資家、特に金融機関においては、不良債権が多い、株価が低い、格付が低いという点だけをもって、実損が発生しても売却、下落した債券については投資対象としては論外という結論を下す機関が圧倒的多数でした。

　当時、極めて投資利回りが高くなっていた期限付劣後債や永久劣後債、優先出資証券の投資妙味については検討すること自体がありえないという風潮でした。劣後債については、発行すると自己資本比率が上昇するという性格をもっていたことから、株式のような性質をもつ債券なのではないかと投資家が考えたこと自体は、仕方ない部分もあります。特に期限付劣後債については法的な位置づけはあくまで借入金ですが、それを発行すると自己資本比率が向上する効果があったこともあり、法的な倒産プロセスに移行した場合の相対的な弁済順位が低い点と、倒産せずに期限付劣後債だけが、先行して損失が発生してしまう可能性については誤解されていました[22]。

　いずれにしても、相次ぐ金融機関の破綻と国内クレジット市場の混乱により、当局としても社債投資は自己責任などといっていられなくなりました。とはいえようやく実施した規制緩和の時計の針を戻すわけにはいかず、起債ルールは緩和したままで、投資家サイドへの要請として、信用リスクの低い銘柄のみに投資するようきつく指導するという展開にならざるを得なかったのです。

---

[22] この点については第Ⅰ部第2章1の「弁済順位」のなかの劣後債を発行すると倒産しにくいと判断される理由の箇所を参照。

日本の無担保社債市場の歴史は、タイミングに恵まれませんでした。日本の機関投資家が社債の投資を行う際に、投資適格の低スプレッド債ばかりに集中し、低格付の債券は積極的に分析する姿勢すら見られないというのは、こういった歴史的背景があって醸成されたものなのです。

# 第8章 具体的なクレジット分析と投資手法

本章では、信用リスクの分析・評価方法と、実際の投資への反映方法について解説します。

まず確認しておきたいのは、クレジット投資のリスク対象が「最終的な倒産リスク」なのか、「投資期間中に発生しうる価格変化の可能性とその度合い」なのか、という点です。両者を混同されているケースが多く見られますが、社債の場合、いずれを重視するかで投資行動も異なってきます。

償還日に倒産さえしていなければ元本を返してもらえる一方、それまでの間に市場が倒産可能性を心配し始めると社債の流通市場における値段は大きく下がってしまうこともあります。投資期間中に評価損が発生することを嫌う投資家や、社内ルールとして投資期間中に評価損が一定以上出ると強制的に売却するよう決められている投資家は、まずリスクの明確化とその際の投資行動を確認してください。特に日本の金融機関の場合は、「投資期間中に発生し得る価格変化の可能性とその度合い」、つまり、評価損がどれくらいになりうるかを管理することが非常に重要です。

とはいえ、クレジット投資に関しては前述の通り、最終的な倒産リスクをとることや、流動性プレミアムを現金化する部分の収益性が高いことから、本書においては最終的な倒産リスクに重点を置いて解説します。

## 1 具体的な分析内容

まず検討すべきことは「最後の一線を超えてしまうかどうか」です。ここでいう"最後の一線"とは、会社更生法や民事再生法の申し立て、破産手続きの開始など、いわゆる倒産してしまう状態を指します。

**信用リスク**については第1章でも触れましたが、狭義では「満期日に約束したお金（＝現金）を用意できるか否か」です。本業のビジネスがどんなに痛んでいようが、キャッシュフローの創出力が毀損していようが、誰かが借り換え資金を提供して、満期日に満額弁済できてしまえば、そこまで保有し続けた投資家に損失はまったく発生しません。もし、企業の倒産が本業の収益力だけに依拠しているのであれば、本業の収益力を分析して正確に予想できれば信用リスクを正しく判断することができます。

しかし、本業がどんなに悪化していても倒産しない例は、実社会では多数存在します。逆に、通常であればファイナンスがつく（＝資金調達ができる）と思われるような状況でも、いきなり会社更生法の適用申請を申し立てる場合はあります。

その決定的な違いを見極めるには、**資金繰り**に注目しましょう。

クレジットアナリストなどというと、高度な分析を行う知的労働者のような印象がありますが[23]、信用リスク分析は基本的に企業の資金繰りを当てようとする行為にほかならず、泥臭い地味な作業です。

資金繰りをみるには、対象企業のキャッシュフローを見極めることが非常に重要です。キャッシュフローが非常に重要なもうひとつの理由は、銀行などの金融機関が貸し出しの可否を判断する際に重視する判断材料となるためです。

### 1 キャッシュフロー分析

一般に、てっとり早くキャッシュフローの適正水準をみるには、有利子負債総額から手元現金を控除したものがキャッシュフローの何倍になるかで判断できま

---

[23] コンピューターで代替される業種の筆頭に挙げられているので、そもそもそういったイメージすらないかもしれないが……。

す。つまり、本業で稼いだお金の何年分ぐらい借金があるかという目安になります。たとえば3倍であれば、会社の借金を自分で稼ぎ出したお金3年分で返済できるイメージです（実際には、景気などによる収益変動が大きいなどの要素も影響するほか、他にいろいろと出費があるのでそれほど単純ではありませんが、判断の目安になります[24]）。

なお、ひと口に"キャッシュフロー"といっても何を指すのか明確ではないため、一般的な定義を確認しておきます。

一番よく使われる指標は「**EBITDA**（Earnings Before Interest, Tax, Depreciation and Amortization／償却前営業利益）です。イービットダー、もしくはイービットディーエーなどと読みます。どうしてこの指標を使うのかというと、Earing（＝儲け）を判断する際に最終損益をみてしまうと、借金の多い会社と少ない会社では、本業で儲ける力が同じだとしても、支払利息の少ない分だけ借金の少ない会社のほうがお金を稼ぎ出す力が高いように見えてしまうからです。また、税金も国によって税率が違うため、その影響を排除したほうが各社の収益力がわかりやすくなります。Depreciation（＝減価償却）は、1年分の利益を計算する際に、工場で工作機械などを導入した場合は耐用年数で割った分だけその年のコストとして認識するものです。Amortizationは無形固定資産の償却を指します。買収時などに発生するのれん代等を償却するときに使いますが、ちょうどよい訳がなく「アモチ」と呼ばれています。減価償却と現金の関係はわかりにくいので、具体的な例を挙げて説明します。

ある会社で製品を作るために500万円の機械を買って、その機械が10年使えるとします。10年たつと陳腐化してしまうため、10年使ったら新しい機械に買い替えます。したがって、1年分の減価償却費は50万円です。

製品は1年間で10個作れるとして、材料代や人件費などが1個につき10万円、販売単価は50万円とします。この会社の1年分の利益やお金の動きを計算してみます。

---

[24] 実は社債市場で信用リスクの判断をする場合は、とりあえずこの数字だけ見ておけば、8割くらいカバーできると考えている。

まず、会計上の利益を計算します。

売上が50万円×10で500万円、材料代と人件費で10万円×10で100万円、機械の償却費が500万円÷10で年間50万円ですから、利益は500万円－100万円－50万円＝350万円となります。

次に、現金がいくら増えたか計算します。

この状態で手元にいくら現金が増えたかというと500-100の400万円です。機械を買った500万円は昨年払っていますので、今年の資金繰りには影響しません。

つまり、計算上の利益は350万円ですが、手元で増えた現金は400万円となります。

実際の資金繰りを見るうえでは支払利息ももちろん無視できませんし、設備投資を行わないわけにはいきません（少なくとも更新維持投資の支出は発生します）。また税金も払うため、EBITDAさえ良ければいいというものではありませんが、本業から発生する現金創出能力を表した数字に近いことから、EBITDAは信用リスク分析をするうえで、多用されています。

この数字については、絶対値が大きいか小さいかではなく、返さなければならない借金の大きさに比べてどれくらいあるのかが重要になります。EBITDAが少なくても借金がなければ倒産するはずがありませんし、EBITDAが1兆円ある会社でも借金が10兆円あれば、それはやはりキャッシュフローが不十分だということになります。

それもあって、EBITDA純有利子負債倍率の好ましい倍率はどれくらいかということに注目します。投資という観点からは、投資先企業に対する市場が心地良いと思うEBITDA純有利子負債倍率の水準をつかんで、そのレベルの変化を見落とさないように心がけることが重要となります。

図表8-1　EBITDA／純有利子負債倍率の計算例

■貸借対照表

| 現金 | 100 |
|---|---|
| 在庫 | 200 |
| 固定資産 | 100 |

| 借入金 | 300 |
|---|---|
| 自己資本 | 100 |

■損益計算書

| 営業利益 | 50 |
|---|---|
| 経常利益 | 40 |
| 当期利益 | 20 |

■キャッシュフロー表

| 減価償却費 | 10 |
|---|---|
| 支払利息 | 5 |
| 税金 | 10 |

（1）EBITDA：営業利益50＋減価償却10＝60
（2）純有利子負債：借入金300－現金100＝200
（3）EBITDA純有利子負債倍率は200/60＝3.33倍

　では、簡単な例を使って、実際にEBITDA純有利子負債を計算してみましょう（図表8-1）。EBITDAは、営業利益50＋減価償却10＝60になります。損益計算書の営業利益は、利払いや税引き前の数字なので、EBITDAを計算したいときは営業利益に減価償却費を足し戻すだけでいいことになります。
　次に純有利子負債は、借入金300-現金100＝200になります。
　以上より、この会社のEBITDA純有利子負債倍率は200/60＝3.33倍となります。

　どのぐらいの倍率が投資先として適切かは、業界にもよるため一概にいえませんが[25]、一般的に3倍程度が目安です。その意味では、この会社の評価は、

---

[25] 安定していて競争も少ないような会社であれば高くてもいいし、ITやベンチャーのように事業リスクが高いといわれている業界では低い倍率が求められる。

「悪くはないが、少しリスクが高い」という評価になるでしょう。

## ② 運転資金

　次に注意すべきなのが、運転資金です。
　前述したキャッシュフローの計算は、すべて現金取引で行われているという前提でした。しかし実際の社会では、支払いは月末や3カ月後に後払いという習慣は、業界や商材によって当たり前のようにあります。このように、掛け売りで先に製品を納入した分の未収金が「**売掛金**」、反対の立場から掛けで購入した製品などの未払い金が「**買掛金**」です。

　先の例で、もし、売上の500万円はすべて手形支払いのため入金が後日となると、現金の増加分は400万円ではなくマイナス100万円、つまり現金が100万円（材料代と人件費で支払った分）減ってしまうことになります。これは相手が必ず払ってくれれば問題ないともいえますが、そうではないこともあります。
　たとえば業績が悪くなった会社が、ともかく売上を増やして利益が出ているようにみせかけたい場合に、お金がなくて倒産しそうな会社にとりあえず後払いで売ってしまって、帳簿上の売上と利益を計上してしまうような場合です。もしその会社がそのまま倒産してしまうと、入ってくるはずの500万円はゼロになって、400万円増えるはずだった現金は逆に100万円減り、利益も350万円の黒字のつもりが、150万円の赤字になってしまいます。
　また、決算書を見るうえで、期末には現金がたくさんあるほうが取引先や銀行は安心します。しかし、取引先にお願いして売掛金を回収し、仕入先にお願いして支払いを待ってもらうと、利益が増えたわけではないのに、期末の現金が増えて、財務が健全であるかのような印象を与えることができます。
　さすがに、これほど単純な手法に騙される人は少ないですが、インターネットの投資掲示板の書き込みなどには、「期末の現金が〇〇億円もある。健全だ。」といった書き込みが多く見られ、株価にとってプラス材料であるとみなす投資家

もいるようです。少なくとも株価にはプラスのようですし、EBITDA純有利子負債倍率を計算するときも、運転資金の調整は基本的にしないので、見栄えが良くなることは確かです。

ですから、実際に投資する際には十分な注意が必要です。

## ③ キャッシュフロー計算書の具体例

実際の会社のキャッシュフロー計算書に近い事例で、チェックポイントを確認しておきます。なお、架空の会社の数字です（図表8-2）。

前述の通り、EBITDAの概算値を知りたいのであれば、2行目の減価償却費だけを見ておきましょう。3分でイメージを摑みたいときは、それだけを見ます。

もう少し時間に余裕がある場合は、実際に現金の増減に影響を与えた背景を確認します。下から3行目の「現金及び現金同等物の増減」を見ると、現金が1500億円減っています。これは実際の現金の動きですので、動かしようのない事実です。内訳を見ると、キャッシュフロー計算書は「営業活動によるキャッシュフロー」「投資活動によるキャッシュフロー」「財務活動によるキャッシュフロー」に分かれていて、それぞれ以下のようになっています。

　営業活動によるキャッシュフロー　150
　投資活動によるキャッシュフロー　-150
　財務活動によるキャッシュフロー　-1500

さらに確認すべきは、運転資金のところで説明した、**売上債権**（売掛金）と**仕入債務**（買掛金）です。利益の計算上は、売上が立つと収入として認識しますが、代金は後払いなので、その相手にお金を貸しているのと同じ状態になります。一方、仕入債務の場合は仕入れると原則として費用として認識しますが、お金を払うのは後なので、お金を借りているのと同じ状態になります。本業でキャッ

図表8-2　キャッシュフロー計算書の例

| | |
|---|---:|
| **営業活動によるキャッシュフロー** | |
| 税金等調整前当期純利益又は税金等調整前当期純損失(▲) | ▲1,500 |
| 減価償却費 | 1,000 |
| 受取利息及び受取配当金 | ▲50 |
| 支払利息及びコマーシャルペーパー利息 | 250 |
| 固定資産除売却損益(▲は益) | ▲100 |
| 減損失 | 1,000 |
| 投資有価証券評価損益(▲は益) | 50 |
| 投資有価証券売却損益(▲は益) | ▲200 |
| 事業構造改革費用 | 200 |
| 訴訟損失引当金繰入額 | 50 |
| 売上債権の増減額(▲は増加) | 600 |
| たな卸資産の増減額(▲は増加) | ▲300 |
| 未収入金の増減額(▲は増加) | ▲250 |
| 仕入債務の増減額(▲は減少) | 200 |
| その他 | ▲200 |
| 小計 | 750 |
| 利息及び配当金の受取額 | 50 |
| 利息の支払額 | ▲250 |
| 法人税等の支払額又は還付額(▲は支払) | ▲400 |
| 営業活動によるキャッシュフロー | 150 |
| **投資活動によるキャッシュフロー** | |
| 定期預金の預入による支出 | ▲250 |
| 定期預金の払戻による収入 | 200 |
| 連結の範囲の変更を伴う子会社株式の取得による支出 | ▲50 |
| 連結の範囲の変更を伴う子会社株式の売却による収入 | 200 |
| 有形固定資産の取得による支出 | ▲500 |
| 有形固定資産の売却による収入 | 200 |
| 投資有価証券の取得による支出 | ▲50 |
| 投資有価証券の売却による収入 | 300 |
| その他 | ▲200 |
| 投資活動によるキャッシュフロー | ▲150 |
| **財務活動によるキャッシュフロー** | |
| 短期借入金の純増減額(▲は減少) | 50 |
| 長期借入れによる収入 | 50 |
| 長期借入金の返済による支出 | ▲500 |
| 社債の償還による支出 | ▲1,000 |
| その他 | ▲100 |
| 財務活動によるキャッシュフロー | ▲1,500 |
| | |
| 現金及び現金同等物の増減額(▲は減少) | ▲1,500 |
| 現金及び現金同等物の期首残高 | 2,000 |
| 現金及び現金同等物の期末残高 | 500 |

シュフローを稼ぎ出す力を表しているはずの「営業活動によるキャッシュフロー」に、お金の貸し借りによる現金の動きが反映されてしまうのです。ちなみに売上債権というのは、経営が苦しくなった会社が、とりあえず「支払いは後でいいので、ともかく買ってくれ。安くしときます」というようなときにも使われて、黒字倒産の原因にもなりますので、これが急増しているような会社は十分注意する必要があります。

さて、図表8-2を見ると、売上債権が600億円のプラスとなっていて、仕入債務が200億円のプラスとなっています。これは、売上債権を600億円回収して、新たな売上は支払いを待たない、そして仕入をしたときの支払いは200億円、支払いを待ってもらったという意味です。合計800億円です。つまりこれがなければ、営業活動によるキャッシュフローは150億円ではなく、マイナス650億円になっていたということです。かなり資金繰りが苦しいのではないかと想像できます。

これは銀行からではなく、取引相手先の企業からお金を借りるようなものなので、**企業間信用**とも呼ばれます。この会社の期末の現金は500億円ですが、これがなければマイナス300億円になっていたところです。つまり、銀行から借りるか倒産するかという状態になっているはずです。

そして、棚卸資産が300億円増えてしまっています。これくらい資金繰りが苦しい会社の場合、できるだけ在庫を圧縮して資金繰りを良くしようとするものですが、それでも増えているということは、圧縮できずに在庫が積み上がってしまった可能性を疑うべきです。

次に投資ですが、合計で150億円の払い出しなので、体力に合わせて投資を抑制しているようにも見えますがどうでしょうか。

まず定期預金の動きが投資になっています。常識的に考えても定期預金に預ける行為は投資ではありません。しかしながら定期預金を投資として認識するのは会計上の決まりです。「余ったお金を株や債券で運用するのは投資なの

だから定期預金だって運用、つまり投資だ」と考えられなくもないですが、定期預金は投資からは除外して考えるべきです。定期預金に250億円預けるのと250億円設備投資するのとではクレジット分析上はまったく別の話です。

設備投資は「有形固定資産の取得」ですので、この会社の設備投資は500億円であったことがわかります。ところが、子会社株式の売却によりネットで150億円作っています。さらに有形固定資産の売却で200億円、投資有価証券の売却で250億円作っています。この3つの合計が600億円。これは資産の切り売りともいえますので、本来のお金の動きからは除外して考えるべきです。

そこで、最初の数字を見直すと以下のようになります。

営業活動によるキャッシュフロー －650
投資活動によるキャッシュフロー －750
財務活動によるキャッシュフロー －1500

すべての項目でマイナスとなり、出金の合計は2900億円にもなります。
期初にもっていた現金は2000億円ですので、まったく足りません。

この会社は一見すると、ある程度は順調に見えます。しかし、よく見るとどうでしょう。本業で650億円、投資で750億円、借金や社債の返済で1500億円のお金がなくなり、手持ちの現金が足らなくなったので、売上債権を回収し、仕入れの支払いを待ってもらい、子会社株や資産を売り払ってなんとか資金繰りをつけたということがわかります。

当然ですが、これはすべて会社側が開示している数字ですので、会社が嘘をついたり隠蔽したりしているかはわかりません。苦しくなって実際に粉飾決算に手を染める会社もありますが、公表されている数字をよく見るだけでもかなりの情報が得られますので、会計の勉強は怠らないようにしてください。

## 4 期間損益の考え方

　減価償却の方法や額、買収で発生した営業権（いわゆる"**のれん代**"）の評価や償却方法、在庫の評価、構造改革費用の計上など、期間損益を変動させる要因はたくさんあります。しかも、「Profit is a matter of opinion（計算上の利益は、考え方の問題）」といわれるように、継続を前提としている企業の1年分の会計上の利益というものは何をどう計上するかという"考え方"で大きく変わります。会計上の期間損益は、儲けが大きいに越したことはありませんが、株式投資と違って、倒産を見極める観点からは赤字でなければいいくらいではないかと思われます。

　たとえば143ページの例では、500万円で買った機械が10年間使えるとの前提で計算しているために1年分の費用負担が50万円ですが、もし同じ機械が2年で壊れるという前提にすると、1年分の費用負担が250万円になります。すると350万円だった利益が、150万円まで急減してしまいます。会社で起きたことは、500万円で買った機械を使って、1個当たり50万円の製品を、10個作って販売しただけです。それが、機械が何年使えると思うかという前提を変えただけで、計算上の利益が大きく動くというわけです。

　これは会計不正操作ではありません。機械が使える年数に対する考え方を変えただけです。機械の使える年数については、物理的に壊れてしまうまで何年使えるかということ以外に、技術の陳腐化が思ったより早く進んでしまって、機械としてはまだ使えるが、それを使って商品を作っても売れないので除却することもあります。さらに、あまり早く償却してしまうと会計上の利益が少なくなって控除額が増え、税収減を嫌がる税務署が費用として認めてくれないため、償却期間を長くせざるを得ないという事態も起きます。

　減価償却については「何年使えるか」に続く次なる論点として、「毎年どれくらい償却するか」というポイントもあります。10年使える機械の価値が毎年同じ額ずつ減ると考えるか（定額法）、価値が毎年同じ比率で減っていくため購入当

図表8-3　定額法と定率法による減価償却後の資産額推移の違い（イメージ図）

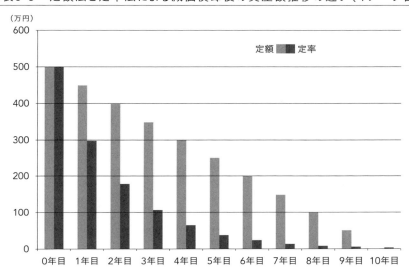

初のほうが価値の下落幅が大きいと考えるか（定率法）、です（図表8-3）。

　同じ額で価値が減っていくと考えると毎年50万円ですが、10年間毎年同じ率で価値が減っていくと考えると、1年当たり価値が約40％下がる計算になります[26]。この方法で計算すると初年度は200万円価値が下がることになりますので、定率か定額かで、初年度の計算上の利益が150万円も違ってきます。

　なお、現金の計算においては、定率法で計算しても定額法で計算しても400万円で同じになります。現金の移動は実際に動いた額に注目しているため、考え方で増えたり減ったりするものではありません。「Cash is king」などと呼ばれ、分析するうえで現金の動きを重視するのは、会社がごまかす余地がないことがその理由のひとつです。

　いずれの考え方も1年間の利益を正しく計算しようとしたものですので、数字が大きく違うといって責めるわけにはいきません。要するに、会計上の1年分の

---

[26] これは10年後の価値が0になる仮定の算出結果で、実務上は費用として認めてもらうために国税庁の通達などによって定められた率で計算する。償却率は取得時期などによって異なる。

利益というものは、極めて曖昧なのです。

　ただし、会計上の利益が上がっていると金融機関の審査部が融資の許可の決済をしやすいため[27]、結果として倒産しにくくなることも事実です。前述のように、実質的な収益力もさることながら、資金の出し手である金融機関の判断基準が与える影響、金融機関の稟議において決裁が下りやすいだけの利益が上がっているかどうかに注目することは重要です。

## 5　営業損失か、特別損失か

　会計操作の例はいくつもありますが、一例として不良在庫がたまってしまった場合の処理などがあります。

　企業が物を作って売る場合に、一般にある程度の在庫をもちます。在庫は作るのにかかった費用を資産として計上します。そして売れたときにその分を費用として売上から差し引いて利益となります。

　商品が順調に売れているうちはいいのですが、売れなくなってきたり、他社が似たような商品を安く売り始めたりすると、想定していた値段では誰も買ってくれなくなります。そうなると不良在庫となり、在庫として認識している価値を下げる必要があります。

　先の例では、商品の売値が1つ50万円、費用が10万円でしたが、同じような商品が競争相手から発売され、売値が8万円くらいまで下がってしまったとします。そうなると、在庫として10万円の価値とは認識できなくなり、少なくとも8万円以下にしなければなりません。ここで5万円くらいにしたとすると（また、いくらが適切かというテーマが出てきます）、在庫の価値を下げた分をどこかで費用として認識することになりますが、通常は営業活動の一環として、営業利益から削ります。

　ところが、営業利益が減ると、投資家や金融機関の心象を悪くするので、一過性の構造改革費用として特別損益に計上するという手もあります。本来営業

---

[27] 金融機関の審査部は会計のプロであるため充分に理解しているが、そのうえであえて会計上の利益を重視するのは事実である。

費用として認識すべきものを「通常の営業活動では発生しない特別な損失」として処理するわけです。特別損失に計上する損とは、通常は台風や大地震が起きて工場の一部が壊れてしまったという突発的事象など一時的な場合です。

さらに在庫の評価を多めに下げておくと、次の年に営業利益が高く出ます。先の例では在庫の値段を1つ1万円まで下げてしまえば、来年からは1万円以上で売れれば営業利益が黒字になります。一般的に営業利益は「本業で稼ぐ力」とされているため、ビジネスの環境が悪化しているのに営業利益がV字回復したように見えるのです。

## 6 債務超過と信用リスク

**債務超過＝倒産なのでしょうか。債務超過**とは、帳簿上の純資産の額から債務を差し引いた純資産がマイナスになった状態です。一般的に債務超過というと、倒産と同じように扱われます。確かに、会計上の債務のほうが資産の額より大きいと、お金を返すために会社の資産を売っても足りないように思えるため、もっともな考え方とも思えます。

**マートンモデル**という倒産リスクを計算する権威あるモデルにおいても、債務超過に陥った時点で倒産と定義しているほどです。自己資本比率の議論も基本的に債務超過になりやすい度合いを表した指標であるともいえます。

では、実際のところどうなのでしょう。倒産は満期日に約束したお金を用意できないことにより発生しますが、債務超過と資金繰りは直接関係ありません。計上されている資産の額をいくらにするかで純資産の額は容易に変動します。

資産の中には買収に伴って計上した営業権や、のれん代のように換金性が低いもの、仕掛品や在庫、会社の看板など継続前提であればそれなりの価値が認められても換金の可能性という観点からは価値がない、もしくは撤去費用などでマイナスというものもあります。また、年金債務の評価など負債サイドも評価方法によって変動しうるのです。引当金の設定もかなり主観的です。つまり

債務超過か否かというのは、かなり曖昧です。

しかし、会計上で債務超過となると、金融機関の審査部が与信判断するうえでマイナスであることは間違いありません。多くの金融機関が与信判断をするうえで、会計上の自己資本を非常に重視しているという事実がある限り、投資判断を行ううえで無視できない要因であることは間違いありません。

## 2 投資に分析を反映する際の注意点

### 1 定性要因の分析が重要

社債におけるクレジット投資は、「会社が倒産するかどうか」について賭けをする行為に等しくなります。繰り返しになりますが、重要になるのは、どうすると会社が資金繰りに行き詰まり、最後の一線を越えて法的処理に移行せざるを得なくなるか、ということを予測する作業です。どうすると信用力が悪化したり、改善したりするかを分析するのではありません。

会社の倒産は必ず損失を伴い、相応の責任をとらされたり、関わった人間の人事評価に大きくマイナスになるという現象が伴います。したがって、それを避けたいと思う力が各方面から働くことになります。この部分を正確に分析する必要がありますが、この定性的な分析が非常に困難かつ、努力の必要な作業となります。

信用分析のプロ代表といえば格付会社がありますが、格付会社や倒産確率推計モデルなどは簡単な仮定を置いているため、実際の倒産リスクと大きく離れた格付が付与される例も見られます。

たとえば、赤字が継続して、EBITDA倍率が一定以上上昇している銘柄は、その水準に応じて格下げするというような格付手法を導入することは容易です。確かに黒字よりは赤字のほうが倒産しやすいでしょうし、キャッシュフローが借

金に比べて多いほうが少ないほうより倒産しにくいのも事実でしょう。
　しかし実務の世界では、巨額の赤字が継続して資金繰りがどんなに行き詰まっていても、メインバンクが救済し続けて、会社も倒産を回避するなどということは珍しくありません。格付が下がった社債を空売りしたところで、利益が出るどころか、逆に損してしまうということは頻繁に起きます。

　格付会社に聞いても、最終的に定性的な理由で銀行が救済する可能性（頭取が融資部長時代に進めた案件で、その結果、倒産させると頭取の経歴に傷がついてしまうため、引くに引けなくなってしまう場合など）や、政府が倒産回避を金融機関に促す可能性などはほとんど考慮しません。そんなことは起きるかどうかわからないため、不確実な可能性は織り込まないのです。これも、そういう神風的な要素は考慮しないほうが保守的で安全、という意味ではそうかもしれませんが、それでは投資の役に立ちません。格付会社はリスクを指摘するのが仕事なので、それでいいのです。

## ② 政治的に延命される会社は狙い目

　実は、ファンダメンタルズが悪くても諸般の政治的理由から延命される会社の社債投資は、非常に高収益になるケースが多くなっています。
　政治的要素で倒産の可能性が左右されるような会社は、基本的に規模が大きくなります。大型の倒産であるからこそ、内閣の支持率への影響を配慮したり、メインバンクの経営上層部の責任問題・進退に影響する可能性があるからです。たとえば負債総額が200万円の会社の倒産が、政府や大銀行幹部の間で注目される可能性は皆無でしょう。しかし、上場会社で、その倒産が日経平均株価を押し下げる可能性がある場合には、時の政権の状態にもよりますが相当な抑止力になりえます。

## 3 業績悪化の真の姿は財務諸表に反映されにくい

　業績が悪くなってきた会社が倒産しやすくなるのは事実です。そして業績が悪くなってきたかどうかは財務諸表を見るとわかる場合が多いのも事実です。それは、業績が悪くなってきた会社は通常はごまかそうとするためです。法令違反の粉飾に手を染める会社も後を絶ちませんし、会計ルール上、ぎりぎりのところまでよく見せようとする場合も多いからです。

　したがってクレジット分析をするうえでは、財務諸表に書いてあることが正しくないかもしれないという前提でいなければなりません。ただ前述のキャッシュフローの例のように、数字をよく見せようとすると、財務諸表のどこかにしわ寄せがくることが多いため、ヒントは隠されています。

　一般的な投資家がクレジットの悪化と認識するポイントを知るうえで参考にな

図表8-4　有価証券報告書にある「継続企業の前提」記載事例

《財務指標関係》
- 売上高の著しい減少
- 継続的な営業損失の発生又は営業キャッシュフローのマイナス
- 重要な営業損失、経常損失又は当期純損失の計上
- 債務超過

《財務活動関係》
- 営業債務の返済の困難性
- 借入金の返済条項の不履行や履行の困難性
- 社債等の償還の困難性

《営業活動関係》
- 主要な仕入先からの与信又は取引継続の拒絶
- 重要な市場又は得意先の喪失

《その他》
- 巨額な損害賠償金の負担の可能性
- ブランド・イメージの著しい悪化

るのは、有価証券報告書に記載される「**継続企業の前提**」に関する記述です。そこには図表8-4のような項目が挙げられています。

　もちろん、これをみても、いつどのタイミングでどのくらいの確率で法的倒産に追い込まれるのか、といった点を正確に予測することはできません。特に〈財務活動関係〉に関しては「クレジットの状況が悪くなった場合」といっているに等しいため、あまり意味がありません。営業活動関係、その他については新聞などのメディアでネガティブヘッドラインが出ることによって確認することは可能です。

## 4　望ましいクレジット投資対象の条件

　一般的に市場で嫌われる会社は、会計上の収支が赤字で、自己資本が毀損しており、メディアで叩かれているような会社です。一方、クレジット投資の対象として望ましいのは、そういった市場に嫌われる会社であり、かつ法的に倒産しにくい会社の債券です。

　そんな会社が存在するのでしょうか。

　一例は、ある時点で新しいビジネスの可能性を見出し、その事業にかなりの資金を調達してしまったが、その事業が失敗したという会社です。このような状態は、歴史が長く、安定的な業績を維持していたものの、将来の成長のために新しいビジネスを始めざるを得ないような企業でよく見られます。

　これも「会社は成長しなければならない」という上場会社における強迫観念のようなものの弊害であると筆者は考えていますが、その結果、クレジット投資の機会が生まれることも事実です。本業が安定的で設備投資も少なくて済むような会社は、フリーキャッシュフローを債務の弁済に使うことができることもあり、有利子負債が減少し、現金保有が大きくなっていることもよくあります。そういった会社は調達余力もあるために、新たに借金をして、新規事業を始めることも可能です。

　ただし、ビジネスのやり方がわかっている本業とは別の領域に手を出すこと

が往々にして多く、その結果として、有利子負債が増えたにもかかわらず新規ビジネスが失敗して損失が発生し、自己資本比率が減少する結果を招くことになります。会社経営に失敗はつきものなので、失敗を認めて敗戦処理をすればいいのですが、問題は処理コストが高すぎて、倒産する以外の選択肢がないような状態に追い詰められているような場合です。

　たとえば、自己資本が2500億円ある無借金の会社が、2000億円の借入を行い、設備投資をして新規事業を始めたとします。また、既存ビジネスのEBITDAは300億円程度であるとします。新規事業を始める前の段階では、自己資本比率100％で、倒産リスクという観点からは超優良企業です。そもそも借金がないため、倒産しようがありません。次に2000億円の借入をすると、自己資本比率が56％程度に悪化します。新規事業を失敗して撤退することになり、その際に発生した費用の総額が2000億円にのぼるとしましょう。そうなると、自己資本が500億円となります（単純化するために本業の利益は無視）。

　その結果、自己資本比率は20％になり、財務が急速に悪化します。この状態は確かに好ましいことではありませんが、倒産の可能性という観点からはあまり問題ありません。新規事業に進出して失敗する前に比較すれば、相対的に倒産しやすくなったことは事実です。しかし、本業が安定していて、新たな競争や技術革新などが発生する可能性が低い場合は、残った本業から生じるキャッシュフローを使って、債務を弁済していけばいいだけの話です。どんどんキャッシュフローが流出し、運転資金に困るようになって、資金繰りがもたなくなって法的に倒産してしまう展開は考えにくいからです。

　しかし、財務諸表分析をする限り、業績が極端に悪化し、自己資本に対して過剰な損失が発生し、自己資本比率が大幅に低下するという状態が発生するのです。これだけの条件が揃えば、保守的であることが大前提の格付会社は、喜んで格下げするでしょう。新規事業には手を出さないが、肝心の本業が悪化し、その結果として同じような財務の悪化がもたらされた会社とほとんど違わない対応をとることになります。

ここまでくれば、前述のような理由で、損失覚悟で債券を売却する投資家が大量に発生することになります。

　繰り返し述べていますが、投資で勝つには他者を出し抜くことです。業績の良い会社の債券は基本的に誰も低い価格では売らないため、安く入手することはどのみちできません。したがって、業績が悪くなってきて、多くの投資家が対象企業は倒産するのではないかと思っている銘柄の中に、投資対象が存在します。

## 3 社債投資において格付は役立たない

　ここで、日本のクレジット市場で影響が極めて強い格付の問題について、もう少し解説しておきます。

### 1 中立性の欠如

　個人的な意見ですが、現在の金融市場において格付は構造的に中立になり得ないと考えています。

　理由は簡単で、格付会社の収益は、格付を依頼する発行体からの手数料に強く依存しているからです。しかも、格付会社が複数あるため、競争が起きています。発行体からすれば、最も自社を高く評価してくれる格付会社にお金を払いたいと思うのは当然で、この点は株や社債の引受会社から給料をもらっているアナリストの意見が中立になりにくいのと同じです。「厳格なチャイニーズ・ウォールが敷かれているため、そうした配慮がなされることはない」といいますが、建て前にすぎないように感じられます。

　なお、これは格付会社のアナリストや引受会社のアナリストを責めているのではありません。利害関係者からお金をもらう会社が信用リスクに関して意見を述

べるという構造そのものに問題があると考えています。

　本来であれば、格付会社は発行体には完全に中立、つまり発行体から一切お金はもらわずに、投資家向けの情報発信に特化すべきであり、格付会社に費用を支払うのは投資家に限定すべきなのでしょう。しかしながらその収入構造では格付会社の経営は成り立たないはずです。格付はすべて公的機関が行うという方法もありますが、その場合、すべての格付に対して国が責任をもつことになりかねず、それも現実的ではありません。したがって、今後もこの構造は変わらないと思われます。

　なお、最近では、アナリストレポートの最後に以下のような文言が追加されているので、それを踏まえて投資家が判断すべきという正しい方向に向かっているように思えます。

- ○○証券および／またはその子会社・関連会社は、次の会社の過去12カ月の証券公募に際し、引受主幹事を務めております。：△△株式会社
- ○○証券および／またはその子会社・関連会社の投資銀行業務を担う部門は次の会社より過去12カ月に報酬を受け取っています。：△△株式会社
- ○○証券および／またはその子会社・関連会社の投資銀行業務を担う部門は次の会社より今後3カ月以内に報酬を受け取る予定または可能性があります。：△△株式会社
- 本レポートで言及された△△株式会社の担当アナリスト□□の家族は同社の株式を保有しております。

## 2 タイミング

　投資で儲けるためには、タイミングが非常に重要です。そのためには投資先の信用状況が好転するのか悪化するのかを他社より早く判断しなければなりません。格付会社に本来的に求められているのは将来的な倒産確率の予想であ

り、それは基本的に現在の環境を前提にしています。したがって、業容の悪さがうかがえても、赤字決算を発表するなど具体的な事象がない限り、格付はほとんど変更されません。

また**レーティングアクション**（格付の見直し）についても、決算数値が公表された後に、それを反映させる場合が非常に多くなっています。つまり、後追いなのです。

本来、格付は将来を見据えてレーティングをつけるべきですが、実際はそうとも限りません。これもビジネス的には当然で、「将来損が出そうだから」という理由で格下げを行うと、顧客である発行体からクレームがきて、処理が面倒になります。その点、終わった期の業績悪化が判明したタイミングであれば「数字が悪かったじゃないですか」と説明すれば済むので対応が容易です。

## ③ 長期格付

クレジットリスクを判断するうえで、満期までの時間の長さは非常に重要です。ある会社が今週中に倒産する可能性の分析と今後10年間のどこかで倒産する可能性の分析は、まったく異なる作業だからです。

もし発行体が満期の1年ずつずれている社債を10種類発行していたとしたら、業種にもよりますが、そのすべてが同じ格付になるケースは極めて考えにくいでしょう。それでも、格付会社は長期格付をひとつしか付与しません。これは本質的には、格付会社の怠慢ともいえます。

格付は基本的に、発行されている債券ごとに付与されますから、個々の銘柄の満期の要素は、個々の債券の格付に反映されるべきです。満期1年半の債券と10年の債券の格付であれば、極めて政府色が濃いなど長期にわたって信用力の変化が起こりにくい構造をもつなど、よほどの事情でもない限り、格付は変えるべきです。

では、なぜそのような作業をしないのかというと、単純に作業量の問題だと考えています。当然ですが、社債の満期は、時間の経過とともにどんどん短く

なっていきます。そうなると、時間が経過するたびに、すべての格付を見直さなければならなくなり、格付会社として経済的に見合わないでしょう。担当アナリストの作業量も、多くなりすぎてしまいます。

それもあって格付会社としては、「長期格付は、基本的に向こう5年程度のリスクについて、ひとつの記号を付与している」のです。そうである限り、長期格付の定義である満期1年超の債券のうち、5年未満の債券については、構造的に厳しめの格付がついていることになるのです。

ところが近年の日本では、仮に1年程度の信用力は十分高いと判断したとしても、長期格付が悪ければ、投資対象としない投資家が多くなっています。特に機関投資家に、その兆候が顕著です。そうなると、満期の短い債券で長期格付の低い債券には、構造的な投資妙味が発生しやすくなります。この点についても、格付会社が「長期格付は期間5年程度のリスクに対する評価」と説明している以上、格付会社を責めるわけにはいかず、利用者側の問題なのです。

## 4 金融機関の信用リスクに関する考え方

信用リスク投資をするうえで非常に大事な業界として、金融セクターがあります。シニア債として優先債券もたくさん発行しているほか、期限付き劣後や、永久劣後、優先出資証券に**COCO債**[28]など、調達手段もさまざまです。

### 1 優先債と負債性資本商品

まず、銀行社債投資をするうえで大事なことは、**優先債**（シニア債）と負債性資本商品（ハイブリッド債）の違いを明白に理解することです。

**負債性資本商品**とは、期限付き劣後や、永久劣後、優先出資証券にAT1などの株式ではないが、計算上の自己資本比率を高くする効果のある商品のことです。一般事業会社であれば、基本的に優先債（シニア債）しかありませんし、

---

[28] Contingent Convertible Bondsのことで、一定以上自己資本比率が下がった場合などに強制的に株式などに転換されてしまう債券のこと。

あったとしても劣後債くらいで、いずれにしても法的に倒産しない限り、債券保有者に損失は発生しません。

しかし銀行の場合は事情が異なりますので、注意が必要です。負債性資本商品については、世界レベルでルールが何度も変更されているうえ非常に複雑なため、ここでは説明を割愛しますが、銀行が法的に破綻に至らなくても投資家に損失が発生する可能性があることだけは認識しておいてください。

本項では、銀行の発行する優先債（**TLAC債**[29]を除くシニア債）のリスクについて説明します。

基本的に金融セクターは、その産業としての重要度などもあり、信用リスクの低い、安全な債券として位置づけられています。特に優先債（シニア債）については前述の通り、法的な倒産処理にならない限り満額償還されるため、特に安全性が高い債券として認識されています。したがって、一般的に銀行社債に投資する場合のリスクは、発行後景気が悪化し、不良債権が増えるなどして業績が悪化し、クレジットスプレッドがワイドニングして、保有期間中に評価損が発生してしまうのがリスクとなります。

もちろん、経営が悪化して、破綻状態に追い込まれてしまう銀行も存在します。そうなった場合の銀行シニア債のリスクは、どのように考えたらよいのでしょうか？

答えからいうと、最終的には各国の当局が、自国の金融システムの管理をどのように考えているかというスタンスと政治的自由度によって異なります。このため、そういった観点から分析をする必要があります。

ただし、追い込まれる前にそうした金融機関を避けることができれば、それに越したことはありません。そこで、まずは個別行の信用リスク分析について考えてみます。

## ❷ 外部から計りづらい金融機関の財務状況

実は金融機関の信用力分析は、簡単ではありません。それどころか、分析しようがないともいえます。

---

[29] TLACは Total Loss-Absorbing Capacityの略。日本語では総損失吸収力となる。金融安定理事会（ＦＳＢ）が制定した新たな自己資本規制では、グローバルな金融システムにおいて重要性が高いとされる銀行では一定以上のTLACを備えることが必要とされる。

図表8-5　金融機関のバランスシート

　教科書などに書かれている「金融機関の分析に用いる**CAMEL**」というのは下記の5項目を指し、それぞれの頭文字をとっています。

- Capital（資本の充実度）
- Assets（資産）
- Management（経営者、組織、事務管理体制）
- Earnings（収益力）
- Liquidity（流動性）

　確かに、これらの情報があれば、金融機関の信用リスクの評価ができるかもしれません。しかし最大の問題は、2番目のAssets（資産）の真実の姿がわかりづらいことです。事業会社の分析における現金の動きのように操作できなければいいのですが、金融機関の資産の大半をしめる貸付金の中身に関する情報を、客観的に知る方法はありません。

　バランスシート（貸借対照表）を見ても、図表8-5のようになっています。

　金融機関は借りてきたお金を貸して利ザヤを稼ぐのが本業ですから、借金が

大きく、自己資本比率が事業会社に比べて低いのは当然です。「借入金が多いから」「自己資本比率が低いから」という理由で評価を下げるわけにはいきません。理屈のうえでは借入金の一切ない銀行というのも成立しますが、それではROE（株主資本利益率）が低すぎて投資家も相手にしないでしょう。

　もし投資家が、対象となる金融機関の貸出先について細かい財務諸表を全部見せてもらって、すべての会社を訪問し、経営者をインタビューして、デリバティブなどのすべての簿外取引の細かいキャッシュフローや時価、リスク管理手法の詳細を調べることができるなら、その金融機関の本当の姿が見えてくるかもしれません。しかし、当然ながら金融機関はそのような機密情報を投資家にすべて開示することはありません。仮に見せてもらえたとしても、分析するのに何年かかるかわかりません。

　そうなると、他の情報から資産内容を推測するしかありません。さらに悩ましいのは、会社は苦しくなればなるほど資産内容をよく見せようとすることです。

　銀行の公表するリスク管理指標もありますが、公表ベースのデータから推測できることは、ここ数年の指標の推移が良くなってきているとか悪化しているとか、同業他社に比べて相対的に強いか弱いかといったあたりでしかありません。

　そのようなこともあって、銀行の場合は一定以上業績が悪くなり、市場が疑心暗鬼になると、流動性が急速に悪化してしまうリスクがあります。そうなってきたときが正念場です。

## ３　国にとって合理的な判断を予測する

　それでは、金融機関の信用リスク分析はやりようがないのでしょうか。

　筆者はこの30年で、あらゆる金融機関の破綻や国有化、統合、合併、救済、暴落などを目の当たりにしてきました。痛んでしまった金融機関の信用リスクを見通すうえで決定的に重要なのは、「国がどうしたいか」に尽きると思っています。金融機関や金融システムは国を運営するうえで極めて重要なインフラ

で、国はその崩壊を放置するわけにはいかないのです。理由は単純で、金融システムの崩壊を放置すると国にとってその処理費用のほうが高くつくからです。

リーマンブラザースを法的に倒産させた場合を考えると、その影響の甚大さが想像できるかもしれません。リーマンは証券会社であって、決済インフラを担う銀行ではありませんでしたが、大きなインパクトがありました。

仮に大手の金融機関に大量の不良債権が発生して、自己資本比率が極端に低下してしまったとします。それでもほとんどの場合、1兆～2兆円くらい国が出資すれば自己資本問題はあっさり解決してしまうでしょう。そして国による資本注入は寄付ではありませんので、あとで儲かるようになってから返してもらうことも可能ですし、実際に返済された例も多くあります。

一方、資産規模が数十兆円あるような金融機関が破綻すれば、経済に与えるマイナスの影響は測りしれません。国としては連鎖倒産した多くの企業のための救済パッケージを用意し、雇用対策をし、緊急経済対策をし、補正予算を組み……と財政に与える負荷もあっというまに巨額に積み上がってしまうでしょう。国からすれば金融機関を救済するのは、破綻して責任をとらされる金融機関の経営者がかわいそうだから、などということはもちろんありません。

これは経営破綻して、国有化するなどの処理をするときの話で、法的に倒産させるなどは論外です。もし銀行が会社更生法などで処理されることになれば、倒産申し立てと同時に保全命令が出されるでしょう。そうなれば、すべての支払いを止めなければならず、その銀行を決済に使っている企業や個人はすべて債務不履行を起こすことになります。

さらにいえば、会社を法的に倒産させて再建を目指すメリットは借金を棒引きにできることです。ところが金融機関の場合は、預金保険で守られていて、法的に倒産させたところで再建のための原資を確保できるわけでもありません。法的に処理ということになれば、資産の劣化が急速に進行してしまいます。

これまで日本でいくつかの金融機関が「破綻」しましたが、そのほとんどがせ

いぜい国有化、つまり株主が変わるくらいです。法的な倒産ではありません。預金やシニア債券は無傷で、金利減免すら起きませんでした。

　唯一の例外は日本振興銀行でしたが、非常に特殊な事例といえます。資産の3分の1くらいは国債で流動性が高く、また日銀に口座ももっておらず、銀行というよりはノンバンクで決済機能はほぼない状態でした。規模も小さく、また東京にあったこともあり、地域経済に与えるインパクトも極めて軽微な環境でした。

　ここまで書くと、「銀行は法的な破綻はありえない→銀行社債は安全」ということになってしまいますが、リスクがあるとすればどこでしょうか？　前述のように、政府にとっては、その国の金融システムを揺るがしかねない金融機関の法的な破綻は論外です。

　さらに、政治家にとっては「世論」という大きなハードルがあります。経営の悪化した金融機関を国が救済することは、その国や国民にとって正しい選択肢であっても、有権者・納税者は不公平を感じやすいものです。「銀行だって民間企業で、かつ給料も高いのに、どうして銀行だけは救済されるのだ。事業会社なら倒産して社員や家族が路頭に迷うことになっても国が救済などしてくれないではないか。不公平だ。救済財源は我々の血税ではないか」と思うからです。

　政府が銀行を救済するのは銀行経営者と癒着しているわけでも、行員を贔屓しているわけでもないことはすでに述べましたが、国民がそういったイメージをもってしまうと、政治としては非常に動きにくくなります。選挙のタイミングが近いときなどは、特にそうなります。

　法的な倒産もさせられない、国費による救済も世論が厳しくてできない、という状況で考えだされたのが、**ベイルイン**という考え方です。ベイルインとは、国（税金）による金融機関の救済ではなく、債権者に損失を負担してもらおうという動きです。民法の世界の常識として、「債権者が損するのは会社が法的に倒産してから」という大原則がありますが、このベイルインというのはこれに逆らう動

きです。銀行が法的に破綻してしまったときに、長く時間がかかり手続きも非常に複雑となる通常の破綻処理ではなく、社債権者だけさっさと損させて、週末だけで銀行の破綻処理を終わらせてしまおうという考え方です。世の中の流れとしては、社債保有者など債権者に処理コストを負担させる方向です。同時に、救済する事態に至らないよう金融機関に対する規制が強化されてきています。

　これはかなり厳しい処理で、銀行がオペレーションを止めずに業務を継続しますが、劣後でもCOCO債でもない債権者が損失を負担しなければなりません（注：このあたりの細かいルールは、国によって異なりますので、詳しくは各国の規制を確認してください）。社債の投資家としてはたまったものではありませんが、「税金を使わず、決済システムを壊さずに銀行の破綻処理をする方法」として考え出されたもので、確かに、これなら血税も使わずに、銀行の破綻処理ができるかもしれません。
　しかし、さすがにこのカードを切ってしまうと、本来損失を想定していなかった個人投資家や年金運用などに大きな損失が発生することになり、経済全体に負の影響が発生する可能性も十分にあります。また、銀行社債に対する信用が大きく毀損することにより、銀行の社債を買う人がいなくなってしまい、その国の他の銀行社債すべてが暴落し、それら銀行の資金調達に重大な支障をきたしかねません。処理方法として用意はされましたが、政府としてもそう簡単に切れるカードではないといえます。

　ところが、ヨーロッパの場合などは、ほかにも政府の動きを制約する要因があります。EU委員会です。実はEUにおいては域内の競争を平等にするために、各国の政府が自国の企業の救済を自由にできないルールがあるのです。そうなると、銀行が苦しくなったとき金融市場や景気への影響を考えてベイルインすることにしても、EU委員会から「そんなのだめ。ルールを守りなさい」といわれると従うしかなくなります。
　その意味では、自分の国の金融行政に自由度が高い、米国や日本のほうが

EUの金融機関よりクレジット投資という意味ではリスクが低いといえるのです。

　したがって、金融機関の信用リスクを考えるうえでは、まずは、その金融機関が破綻してしまった場合のコストと救済する場合のコストを比較して、どちらが国にとって合理的かという観点から判断すべきです。次に、金融機関に対する国費による救済が必要になった時点で、迅速かつ効果的に政府支援を実行できる体制になっているか否か、救済の障害になるものは何か、そして日々新しくなる当局の規制を確認することが、金融機関の信用力分析を行ううえで非常に重要であると考えています。

## 5 海外ハイイールドクレジットリスクのとり方

### 1 できれば避ける

　どんな投資でも、きちんと投資対象を調査し、準備して、的を見切ったうえで大事なお金を投入しなければなりません。その点、海外ハイイールド債や低格付の発行体の信用リスクを見切るのは、自国の低格付企業のリスクを測るより、格段に難しくなります。大企業ともなれば、その倒産には日本と同じようにその国の政治も関わってくるうえ、あらゆる利害関係者が登場して複雑に絡み合い物事が進むため、細かい政治の裏事情まで外国人である自分が精通するのが難しいのは明白です。ですから、できれば海外のクレジットリスクは避けたほうがいいでしょう。

　通貨の問題もあります。外国の発行体が発行した債券は、基本的に本社が存在している国の通貨、また決算書が作成される通貨での発行になりますので、日本からすれば、通常は為替リスクをとることになります。金利の変動リスクや、投資適格のクレジットリスクの変動幅に比べて、為替の変動リスクのほうが高い

のが一般的です。諸々すべてのリスクをとるのであれば、最初から為替リスクだけにしてしまったほうが、リスク管理もしやすくなります。

たとえばドル円で見ると、ここ1年（2015年9月〜2016年8月）の変動はおよそ124円から99円でした。もし124円のときに円を売って、ドル建ての債券を買っていたとすると、発行体の信用力に変化がない前提で上乗せ幅が1％程度として、クレジットリスクで1％儲けて、為替で20％損することになります。サムライ債のように円建てで発行される海外発行体の債券もありますが、発行できるのは信用力の高い発行体に限られている（そうしないと売れない）ため、上乗せ金利はあまり期待できません。さらに今はドルで運用したい本邦金融機関が多いことから、ドルの調達ニーズが高く、需給が偏ってドルのスワップ市場が歪んでしまっているため（第1部参照）、投資妙味がより低下する状況にあります。

さらにドルの世界では、ヘッジファンドなどの専門家が多く、割安な投資対象を見つけるのが困難です。決算データなども基本的にすべて英語のため、日本語がわからない外国人投資家が英訳された少ない資料を頼りに日本の債券に投資するのとは違って、彼らのマザーマーケットで勝手知ったる投資家が、目を皿のようにして投資機会を探しています。その意味でも、戦ううえでかなり不利な状況です。ホームとアウェイのハンデはスポーツの比ではないでしょう。

## ❷ 日本人にも勝機のある投資対象

日本人が海外クレジットに手を出して儲かる余地があるとすれば、需給と格付のつけ間違えでしょう。

すでに説明したように、投資においては、間違った格付がついているとわかっていても参加者が、それでもあえて売却しなければならないようなときに妙味が発生します。

たとえば米国ハイイールドであるとしたら、まずは発行量です。日本と違って米国のハイイールド市場は巨大で、単一銘柄においても低格付債の発行残高

が3兆円にもなることがあります。ここまで大きくなると、さすがに需給が悪化して、悪材料が出たときの市場の吸収力を超えてしまうことがあります。そうなると、もし売りたいのであれば、おなか一杯の買い手たちが買ってもいいと思うくらい安く売らなければ、売却できなくなります。こういうときはチャンスです。

　また、格付会社が間違ったアクションをすることがあるのも前述の通りです。日本では投資適格でなくなると売却を余儀なくされる例が多く見られます。懐が深い米国市場でさえ、ハイイールドファンドなどの投資信託でBやCCCまで格下げになってしまうと、さすがに投資家との約束があっても、保有比率を一定以下に下げざるをえなくなります。つまり、問答無用で売却しなければならなくなるのです。こういう状況も、その他の投資家にとってはチャンスとなります。

　ただし日本人にとって、海外のクレジット投資が国内のそれよりはるかに難しいのは前述のとおりです。ともかく頑張って調査して、英語の文献も読み、その国の政治や利権のシステムを研究し、需給や格付の正当性などをよくよく検討してから投資すべきです。

# 第9章 社債投資のケーススタディ

　社債の理屈がわかったところで、ここからは具体的な事例を挙げながら、注意すべき投資視点を紹介していきます。

　いまから紹介する5社のケースでいえば、ヘッジファンドや外資系トレーディング部門の成績は概ね4勝1敗でした。最終的に倒産しなかったオリンパスやアイフル、コバレントマテリアルについては値下がりしたときに買いで入って儲け、倒産した日本航空については投資を避けて損失を免れたところが多かったでしょう。エルピーダだけはプロにも予想外の展開となり、損失を被った会社も多かったようです。もちろん、これ以外にも、特にリーマンショック後の市場の混乱時等においては銀行シニア債、銀行劣後債、投資法人債、電力債など多くの銘柄で大きな利益を挙げた会社も多くありました。

## 1 圧倒的なキャッシュフローに注目すれば安く買える: オリンパス

　オリンパスは経営者の不祥事に振り回された銘柄でしたが、クレジットリスクを評価する面では比較的容易な銘柄であったように思います。

　オリンパスの経営上層部が行った粉飾決算は悪質で、金額も巨額でした。ただし、本業の内視鏡ビジネスが、圧倒的な世界シェアと潤沢なキャッシュフローを生みつづけていました。

　通常であれば、これだけ強い部門をもっている会社は有利子負債がごく少ないことが多いのですが、同社には6500億円に及ぶ借入金があり、社債も発行

していました。社債は、一部が公募でなく私募債でした。有価証券報告書によれば、貸し手として記載されているのは、日本を代表するような大手の金融機関ばかりで、いかにも財務が健全な優良企業という印象でした。

そんななか、2011年7月に発売された月刊情報誌『FACTA 8月号』が、同社の不正会計操作に関する記事を掲載します。社債市場はただちに反応し、価格は暴落に近い動きとなりました。価格としては一時、50円と額面の半分まで売り込まれたのです。下落のスピードは、法的倒産を想定しない限り、起こりえないようなものでした。

では、なぜそれほどのプライスアクションになったのでしょうか。前述のように、社内に安定的に現金を稼ぎ出せる部門がある限り、金融機関は債権回収を優先するため、急いで企業ごと法的処理をするインセンティブはありません。待って返してもらえるなら、待つのです。このとき、なぜ市場は反応したのでしょうか。

市場が法的倒産を意識せざると得なかったのは、オリンパスの資金使途が不正会計操作で、かつその過程において反社会的な組織が関与している可能性をほのめかす報道がなされたことが影響していました。もし不正会計操作に伴って、反社会的組織との資金関係が明らかになれば、金融機関としては融資を継続できなくなります。市場はそのリスクを恐れたのでした。

もうひとつの理由は、株価下落の責任を株主から追及される可能性でした。一般的には、企業自体は株価の下落に関して、株式投資家にその損失を賠償する義務はありません。しかし、それには例外があります。

金融商品取引法で、有価証券報告書に虚偽記載がされたことによる損害賠償責任が認められているからです。その後、虚偽記載等のある発行開示書類または継続開示書類の提出会社は、流通市場において当該会社が発行する有価証券を取得した善意の投資家に対して損害賠償責任を負うことが規定されました。

ライブドア事件でも、その規定の適用が認められています。オリンパスにもこ

の規定が適用される可能性が高いと思われ、その場合の損害賠償額が巨額になりうると市場が推定したことも、倒産を前提としたプライシングがなされた理由だったと推測されます。

　オリンパスは粉飾決算の結果、上場廃止となる可能性が高いと予想され、その場合は株価に対する影響が甚大で、前述の賠償金額が積み上がることから状況が注目されました。しかし、最終的に上場廃止とならなかったため、債券価格は反発しました。株式関係の損害賠償リスクが一段落したことにより債券価格も正常化すると思われましたが、市場においては長期にわたりスプレッドが拡大した状態は戻りませんでした。

　その後、増資が行われると公表され、増資に応じる候補として名だたる一流企業が名乗りを挙げました。最終的にソニーで決着し、実際に500億円の払い込みがなされるに至りましたが、それでもスプレッドは事件前のレベルに戻ることはなく、債券価格は償還の前日まで割安で放置されたまま、最終的に債券は額面で償還されました。

　急落したオリンパスの社債には世界のヘッジファンドがほぼ瞬間的に反応し、あっという間にさらっていき、大きく儲けました。彼らはどのような点に着目して倒産はないと見切っていたのでしょうか。そして、償還前に売却して損した投資家は何が悪かったのでしょうか。

　早期に損切りしてしまった投資家のミス（多くは日本の金融機関）は、経営トップが逮捕されるという刑事事件に発展しかねない（実際に逮捕された）会社の債券を、その償還の可能性を正確に検討せずに売却してしまったのでした。金融機関として、トップが犯罪者になりそうな企業の資金調達に関与したくないという気持ちはわかりますが、だからといって大きな損失を伴ってまで、無理に債券を売却する必要があったかどうかは疑問です。

　トップが犯罪を犯す会社の債券を売却して、関係を断絶したいという考えは、決して否定しません。ただ、その代償としていくらまでの経済的損失を甘受するかは十分に検討する必要があります。わずかな損失で済むのであれば、金融

機関としてのレピュテーションとのバランスで売却を正当化できると思います。しかし、満期まで保有してさえいれば防げた損失を、あえて発生させる判断をするには、経済合理性のある理由が必要ではないでしょうか。

**儲けた海外勢はCFと政府の動きを注視**
　オリンパスについては、事件が発覚した時点で冷静に分析していれば、市場が経営モラルと資金繰り（信用リスク）の問題を混同していたことがわかったはずです。
　やはり本業で安定的なキャッシュフローを生むビジネスラインをもっていることを、過小評価したことが敗因でした。繰り返しになりますが、倒産するかどうかは資金繰りが尽きるかどうかであり、世界レベルで独占的なマーケットシェアをもち、安定的に1000億円ものEBITDAを生み出すビジネスを有している以上、ファイナンスを提供する金融機関はいくらでもあったはずです。実際に、住友銀行は早期に役員まで送り込んでいます。金融機関にとっては、安定したキャッシュフローを有しているけれども、なんらかの理由から借金をしてくれて、長期にわたって金利を支払ってくれる会社が一番の顧客であり、オリンパスはまさにその条件に該当していました。

　その他の点で、ヘッジファンド筋が調査していたのは、日本の経済産業省が技術流出に対してどのようなスタンスをとるのか、という点でした。法的な倒産となると、更生手続きの間にスポンサーを探すことになります。圧倒的な世界シェアと潤沢かつ安定したキャッシュフローを生む会社が、借金を大幅に減額されて売りに出されれば、世界中のプライベート・エクイティ・ファンドが食指を動かし、買いが殺到することは明白でした。海外ファンドは日本勢が追いつけないほどの高価格で入札することも容易に想像され、そうすれば売らざるを得なくなって、世界的な競争力のある技術力が海外へ流出してしまうことになります。
　当時、当局がそのような展開を望んでいなかったことは、他の事例からも十分に想像できました。また、あれだけの不祥事を起こしておきながら上場廃止

とならなかったことも、なんらかの当局の意向が影響し、政治的配慮がなされたのではないかと推測されました。実際に海外ヘッジファンドはそういった背景や可能性について、あらゆるソースを使って独自調査していました。結果として、日本の技術力の海外流出阻止という観点からも、オリンパスを法的処理する可能性は極めて低い、という分析結果を得たファンドが多かった、というのが筆者の印象です。

オリンパス債急落時に、そういった分析を冷静に行うことができた投資家が、大きな利益を得ることができたのでした。

## 2 確信のもてない政治リスクは避け、損失を免れる: 日本航空

発行体の倒産事例として忘れることができないのは、日本航空です。日本航空の倒産劇は各所で報じられてきたこともあり、詳細には言及しませんが、市場参加者の目線で少し振り返ってみます。

日本航空は長期的な業績不振にあえいでおり、格付が低迷し、公募社債の発行もできない状態が継続していました。また、市場に日本航空の経営不振が知れわたり、実際に倒産したときには社債の残高も残りわずかで、資本市場への影響は非常に限定的でした。

日本航空のクレジットリスクに関して、市場では連日話題となっていましたが、当時の市場参加者が判断に最も悩んだのは、国が関与して法的な倒産を回避するのか、しないのかという読みでした。

日本航空はクレジットリスク分析において、政府から暗黙のうちに受けるサポートの影響が、特に重要な銘柄でした。そのときも、特殊法人としてスタートしたことや、ナショナルフラッグキャリアであったこと、地方赤字路線の開設・維持に地元選出の政治家と相応の利害関係が絡んでいるのではないかとの推測が

働いたことなどから、法的に処理することは実務的には不可能である、と考えるのが市場の常識となっていたのです。

しかし、2009年に民主党が政権をとって以降、政府支援の在り方についての市場の見方が不透明となりました。地方赤字路線を誘致した地元の大物政治家はいまや与党ではなく、それどころか、議員バッチすらつけていない人が多数いるというありさまでした。

最終的に法的処理となった日本航空のクレジットリスクをとることによって利益をあげることは、果たして可能だったのでしょうか。

こうした政治動向を読む必要がある銘柄の投資に際して、ファンダメンタルズの分析から投資方針を決めるアプローチはまず機能しません。単純に教科書的な分析をする限り「倒産するしかない」というごく当たり前の分析結果が出ます。しかし、だからといって倒産を前提とした投資スタンスをとるのも危険すぎます。ゼネコンをはじめ、ファンダメンタルズでは存続が到底不可能と見られた会社が、政府の力によって延命されゾンビ化した例も枚挙にいとまがありません。

また、どの金融商品に投資するかという点も、非常に悩ましい問題です。通常であれば、対象企業が倒産した場合は、最初に毀損するのが株式で、次が無担保債権、優先されるのが担保などによって保全されている債権になります。企業のクレジットリスクが高まってくれば、当然、先の順番で価格の低下が発生するはずです。しかし、本来的には倒産すべき会社であっても政府の都合で倒産させない──たとえば大型倒産はときの政権のイメージ悪化につながるため、政府が望まないという選択も十分にありえます。

そうなると、無担保債権は満額償還され、株式も100％減資によって全損となる事態が避けられ、将来的な上昇余地も残されることになってしまいます。実質的に経営が破綻した企業も、通常の法的倒産処理が行われるのと、政府や銀行主導で私的整理がなされる場合とで、無担保社債の運命は極端に変わることになります。

日本航空も、一部の債権者のみが損失を被る私的整理であれば、社債が100％弁済されることも可能でした。しかし、実際の法的整理では87％の損失となりました。このようなペイオフとなる投資で勝負するのは、博打性が高くなりすぎます。日本航空の場合、ときの政権が民主党だったこともあり、どのような判断をするか合理的に予想することが極めて困難でした。ファンダメンタルズが悪く、倒産回避に政府の強いサポートが欠かせない銘柄において、政府のサポート度合いに確信がもてないときは投資すべきではありません。日本航空でも、ハイイールド投資のプロたちは社債の価格が下がっても満期までの期間が長い債券には投資しませんでした。

　ただし、倒産を前提として倒産時の回収率を予測し、その価格で投資する場合は話が別です。たとえば、日本航空の債券が、流通市場に12円で売りに出されていたらどうでしょうか。買値が12円であれば、もし額面で償還されれば、投資金額が8倍以上になって戻ってきます。倒産しても13％は戻ってきますので、損失はほとんど発生しません。つまり、倒産してもしなくても損しない、かつ生き延びれば大儲けできるゲームになります。これは一見、素晴らしい投資手法に思えますが、それほど低い売値で債券を売却してくれる親切な投資家は、そういるものではないのが実情ですし、80円で買うのは高すぎるので、実現のチャンスはかなり少ないといえます。

### 「倒産する」側に賭ける判断基準の難しさ

　では、倒産前の日本航空のクレジットリスクに投資して、収益をあげる方法はあったのでしょうか。日本航空に関しては最終的に法的に倒産しているため、結果論だけいえばクレジットショート、つまり倒産する側に賭けた投資家が勝ったはずです。では、日本航空が倒産するほうに賭けることは、可能だったのでしょうか。さらに、倒産したとしても、最終的な回収率がいくらになるかを当てないことには、収益化できません。CDS（クレジット・デフォルト・スワップ）の場合、いくらプロテクション[30]を買っていても、倒産した会社の回収率が非常に高く、プロテクション費用がCDSの行使による利益を上回りにくいので、例を挙げて

---

[30] 債務保証のようなもの。第1部第5章の債務保証の項を参照のこと。

図表9-1　日本航空のCDSプレミアムの推移

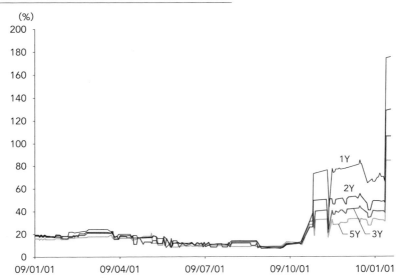

考えてみましょう。

　仮に、日本航空のCDSのスプレッドが額面の20％として、クレジットイベントが発生し、CDSの売り手に債券を手渡し、額面100％のお金をもらったとしても、債券を引き渡すために市場から調達した価格が82円だとすれば、差し引き2円の損失となってしまいます。日本航空のCDSのスプレッドの推移を示したのが図表9-1ですが、長い間、9％程度で推移していました。変化が起きたのは2009年10月20日前後で、そのあたりで日本航空の再建案として、企業再生支援機構が法的整理を指向し始めた、という報道がなされたためです。

　国が正式に法的整理の方向で調整を始めたと報じられたにもかかわらず、CDSのスプレッドは急騰せず、30％程度にとどまったのはなぜだったのでしょうか。ひとつには、法的整理に移行したとしても、無担保債権の回収率が十分に高い、と市場が予想したためです。日本航空の場合は、仮に法的整理とな

ったとしても事前調整型で、飛行機の運航継続に支障をきたさないように、一般の債権者がもつ債権は高い回収率が見込まれると考えても不思議ではありません。とはいえ、法的整理になったにもかかわらず、無担保債権の回収率が70％以上になると考えることは楽観的に過ぎるため、市場関係者の多くは「政府が法的整理を示唆しているのは銀行団に圧力をかけるためで、最終的には銀行団の巨額の債権放棄による私的整理で着地し、その結果として社債は無傷で償還される可能性が高い」と考えたのではないかと思われます。

　また、30％で取引が成立したということは、その値段でプロテクションを売ってもいい、と考えた市場参加者がいたということです。これは、国が法的処理を示唆しているにもかかわらず、額面の30％をプレミアムとして受け取っただけで、全損になりかねないリスクを新規にとるとは思えません。それより手前の安いタイミングで、CDSを保有していた投資家が利食いのために売却したのではないか、と考えました。もし私的整理となって社債が無傷で済めば、払ったプレミアムが全損となってしまいます。そうなる前に、30％で利食えるタイミングで利益を確定してしまいたいと考える投資家がいても、不思議はありません。

　このような状況下で、最終的にどのような政治決着をみるか予想することはほぼ不可能です。経済合理性からだけでは判断できないとなれば、プレミアムが安かったタイミングでCDSを買い、プレミアム分の損失覚悟で保有し続ける方法もあります。ただし、その場合も、年率10％もの**ネガティブキャリー**（保険料を支払っているので、時間の経過とともに損失が発生する、債券保有期間中は金利を払ってもらえるのと反対）を抱えるのはクレジット投資としてはあまりにも効率が悪い、といわざるを得ません。

　しいていえば、日本航空の場合はOBの年金問題でこじれており、それに手をつけずに再建をすることは不可能でした。銀行などの金融債権者間との調整だけで問題が済まなかった点が、若干特異な例です。それでさえ、年金は労働債権であって、仮に会社更生法を申請しても容易にカットできず再生させられない、という意見すらありました。

　結局、ファンダメンタルズが悪い企業のクレジットリスクを、定性的な理由に

よって政府等の介入により法的に回避される可能性がある場合には、政府の意向に対して確固たる自信がない限り、合理的なリスクテイクはできません。したがって投資対象としない、とするのが正しい投資スタンスであるといわざるをえないのです。

## 3 業界激震でも冷静に資金繰りを分析し、値下がり時を狙う：アイフル

　2009年9月18日、産業活力再生特別措置法所定の**ADR**（Alternative Dispute Resolution：裁判外紛争解決手続き）を利用した経営再建方針を発表したアイフルは、クレジット市場において、社債もローンも随分と話題になりました。参加者も多岐にわたり、価格も大きく動きました。金額が大きかったこともあり、今後も語り継がれることになるでしょう。当時、世界中の投資家が注目し、実際に取引も活発に行われたアイフル債権投資について振り返ります。

　クレジット分析の世界において、消費者金融業は実は人気が高いセクターでした。理由のひとつは、分析のしやすさにあります。総合商社のような業態はビジネスが非常に多岐にわたるため、会社全体のビジネスリスクを評価する場合、事業ごとの分析のうえに、個々のビジネス間でどのような相関があるかといった点も分析しなければなりません。大袈裟にいえば、日本中の産業がわかっていなければ総合商社の分析はできないのです。

　製造業も同様で、主力として製造している製品に対する理解や知識が不可欠となります。それも、テレビやスマートフォンなどの一般消費者向けの製品なら身近ですが、半導体製造装置や化学系の会社となると、そのセクターに特化した株のアナリストでもない限り、扱っている製品の名前を聞いたところで想像もつかないというのが実情です。

　ハイイールドの世界で活発に取引がされた銘柄のひとつに、当時半導体用ウエハー製造業大手の一角であったコバレントマテリアルがあります。詳細は後で触れますが、同社の取り扱い製品は図表9-2の通りで、これを一見しただけで、

図表9-2　コバレントマテリアルの取り扱い製品

高純度・高耐久石英ガラスルツボ
CERASIC® 常圧焼結SiCセラミックス ラッププレート
ADS高純度アルミナセラミックス
特殊炭素・高純度黒鉛サセプター
TPSS 炭化ケイ素セラミックス 炉心管 ボート
LSI製造用合成石英フォトマスク基板
CEPURE® インライン・ガスフィルター
EXYRIA® 高純度イットリアセラミックス エッチャー用部材
SAPPHAL®高純度アルミナセラミックス
高純度シリコン単結晶部材
CERASIC® 常圧焼結SiCセラミックス 熱交換チューブ
太陽電池用シリコン溶融ルツボ
電子部品焼成用再結晶SiCセラミックス
テコランダム 炭化ケイ素発熱体
CASTYNA 不定形断熱材
真空破壊用ブレイクフィルター™
液晶ディスプレイ製造用大型フォトマスク基板
CERASIC® 常圧焼結SiCセラミックス ステージ用部材
GLASSUN® ロール
大型石英チャンバー
NEOBONE® セラミックス人工骨補填材
セラミックス製細胞培養担体
QCH-HEATER®
カーボンブラシ

商品やその収益性、資金繰りへの影響などが判断できる債券投資家はほとんどいないと思われます。

　その点、消費者金融は基本的に融資業務だけであり、対象は比較的年収の

低い個人と、収入構造もシンプルで月次のキャッシュフロー構造もわかりやすいといえます。リスクの源泉は基本的に貸し倒れのみであり、耳慣れない製品を多岐にわたって作っている製造業よりは明らかに理解しやすいのです。そして、消費者金融は収益性が高く、高い格付も付与されていました。また発行量が多かったことから社債市場に大量の公募債券が存在していました。

さらにスプレッドは、その業態が理由で投資対象としていない投資家も相応に存在したことから格付対比では恒常的にスプレッドが上乗せされて発行されていました。債券運用では運用成績を評価する基準として、高格付銘柄を平均的に買った場合の運用利回り（インデックス）が使われることが多いのですが、そのインデックスよりも良い運用成績を上げようとする[31]と、同じ格付でも上乗せスプレッドの厚い銘柄を多めに組み入れる必要があります。その意味で不可欠だったのが、消費者金融セクターの組み入れ比率を高くすることでした。

**過払金返還請求を機に業界のクレジット評価が急落**

業績も絶好調で、この世の春を謳歌していた消費者金融業界に異変が起きたのは、事業者金融会社シティズが、最高裁判所でみなし弁済に関して敗訴してからです。業界全体をまさに震撼させた判決であり、それ以来、過払金返還請求の嵐が吹き荒れることになります。

以来、消費者金融業者に対するクレジット評価も一変しました。計算上では過払金の返還請求がすべてきてしまえば、全業者が債務超過になり、そもそもそれだけの払い出しをするだけの現金を用意することは不可能でした。理屈のうえではすべての消費者金融業者が倒産してしまうことになります。実際に過払金の嵐は消費者金融業者を直撃して、数千社あった消費者金融業者が次々と倒産していきます。そして市場の関心は大手の倒産リスクへと移り、業界最大手の武富士の信用不安がどんどん高まっていきました。

当然のように、消費者金融大手に対する格付はつるべ落としのように下がっていき、それまで高格付であることから投資対象としていた投資家たちも、投げ売りし始めました。消費者金融業者の公募債の暴落は、国内投資家に巨額の

---

[31] 基準となる平均値を上回る運用成績をあげることを「インデックスをアウトパフォームする」という。

損失を与えたのと同時に、海外のヘッジファンドに大きな投資機会をもたらしました。

市場が最初に注目したのは、武富士でした。

武富士は、その積極的な営業姿勢から過払金の支払いも巨額でしたが、倒産した場合の回収率を高く見積もっている外資系の投資家が多く存在しました。消費者金融の融資先の債権は、その性質から売却が比較的容易で換金性が高いのも事実です。

問題は倒産した場合の過払金の請求がどれくらいくるのかの読みでしたが、仮に会社更生法を申請した場合、債権の届け出が最大半年で限られてしまうことなどから、過払金の請求はあまり高くないと予想する向きが海外投資家の間で多く見られました。一方、武富士のクレジットリスクテイクに慎重だった投資家層は、武富士の調達が外資系に偏重しており、国内有力金融機関がメイン行としてついていないことを重要視していました。

最終的に武富士は法的処理へと進みましたが、その場合の回収率に重大な影響を与える過払金請求に関して、市場の予想を裏切る動きが発生します。倒産手続きのルール上、知れたる（判明している）債権者に対して、過払金として請求できる金額を債務者（武富士）側から通知しなければならないのですが、消費者金融ではそういう通知はなされないだろうと思われていました。それは、消費者金融からお金を借りたことのある人は、基本的にその事実の発覚を喜ばないからです。妻が夫に内緒でお金を借りてすでに完済していたり、会社に就職前に消費者金融から借りて完済していたような場合で、自宅や会社に通知が届いてしまうと、知られたくない事実を周囲に知られてしまう可能性があります。

武富士の倒産処理において、プライバシー保護の点からも通知の是非について議論がなされましたが、市場の予想に反して倒産法の定めに則り知れたる債権者への通知が実施されました。この結果、武富士向け無担保債権の回収率は大幅に低下することが見込まれ、ディストレスト投資家間[32]での武富士向け破綻債権価格は急落したのです。結果的に、武富士無担保向け債権の回収

---

[32] 倒産の可能性が高く、債権価格（債券とは限らない）が大きく下落している債権や、すでに倒産してしまった企業の債権に投資することが専門の投資家のこと。

率はわずか3％にしかなりませんでした。100円で買ったものが3円しか返ってこないのですから、まさに紙くずの状態でした。

　また、武富士が倒産したことにより、弁護士や司法書士による過払金返還交渉も一変しました。消費者金融会社と弁護士・司法書士の交渉は、請求金額に対して、どの程度減額した水準で合意するか、もしくはどういったタイミングで支払いを実行するかを議論するのかがポイントとなります。当然のことながら、弁護士・司法書士は満額の支払いを要求し、消費者金融会社はできるだけ減額、もしくは支払時期を分割・長期化する対応を志向します。
　消費者金融の立場から過払金問題を見ると、基本的なポイントは流動性と利益です。流動性については信用リスクが高まったことから、無尽蔵に新規の資金調達を社債で行うことはもちろん不可能であり、銀行などの金融機関からの新規の借入も困難でした。そうなると、自力で流動性の問題を解決しないとなりません。
　幸い、消費者金融の場合は貸し出したお金の安定的な弁済のフローがあるため、新規の貸出を抑制して、時間を稼げば相応の流動性を確保することができます。弁済された資金を新たな貸出に回さなければ、時間の経過につれて事業規模は縮小しますが、目先の流動性を確保できるだけでも、資金繰りの点からも大いにプラスです。返還金の減額は、利益の観点からは直接効果があるため、減額交渉を行うわけですが、一番の交渉カードは倒産リスクです。倒産してしまうと過払金の回収は絶望的になってしまうため、消費者金融に倒産リスクがあると認識した場合は、とれる範囲でとっておかないととりっぱぐれることを、武富士の倒産が強く認識させたのでした。
　武富士の交渉パターンは、「即日支払であれば大きく減額するが、満額欲しければ2年の分割払い」という形が基本でした。弁護士・司法書士はともかく早く回収したいうえに、過払金の請求費用を顧客に要求し、過払金請求がうまくいかない場合は、顧客に費用の支払いを請求するため、顧客との間で大きな問題となっていきます。顧客にしてみれば、過払金を取り返してもらえなかった

うえに費用まで請求されるわけですから、たまったものではありません。揉めて当然です[33]。武富士が倒産してしまったことから、独立系であるアイフルの倒産を連想した弁護士・司法書士が、対アイフルとの交渉で大幅な減額を受け入れ始めたのでした。このことは明らかに信用リスク評価にはプラスでした。次なる関心は申請件数の減少に移っていきます。

### リスクをとる2つの方法

　アイフルのリスクをとる方法は、基本的に2種類でした。ひとつは、公募債を流通市場で購入することであり、もうひとつは、金融機関がアイフル向けにもっていた貸付債権を債権譲渡によって譲り受けることでした。日本においては、貸付債権の売買は非常に限られており、金融機関、いわゆるプロ限定の商品となっています。債務者の信用リスクが高まっても、金融機関が貸付債権を倒産前に売却するのは一般的ではありません。しかしながら、アイフルに関してはCDSが大きく影響しました。

　背景を少し説明すると、武富士が倒産する前に、まず**シンセティックCDO**（Collateralized Debt Obligation：合成債務担保証券）の販売が盛んだった時期があります。シンセティックCDOは簡単にいえば、ある企業の倒産リスクを保証することにより保証料を受け取り、それによって投資利回りを高めようとする商品です（図表9-3）。基本的なしくみは、第1章で説明したクレジットリンク債と同じですが、シンセティックCDOは参照する対象が複数になります。この商品も、できるだけ格付が高く、利回りが高い商品を組成しようとすることから、消費者金融を対象資産としたCDSのプロテクション売りが多く組み込まれました。

　シンセティックCDOに消費者金融が組み込まれたのは、過払金の最高裁判決が出る前であり、当時のスプレッドはせいぜい1.2％程度でしたが、それでも格付対比では十分な厚さをもっていました。結果として、シンセティックCDOの投資家が幅広くアイフルのクレジットリスクをとっていたのです。アイフルはADRで支払遅延が発生したために、CDSがクレジットイベント認定されるに至り、CDSが精算されることとなりました。

---

[33] 着手金については、現在はいろいろなパターンがあるが、武富士の倒産以前は、最初に着手金が発生し、過払金を取り返したところで、着手金と弁護士報酬を差し引いて顧客の残額を返済するのが一般的だった。

## 図表9-3 シンセティックCDO債の仕組みとアイフルのクレジットイベント

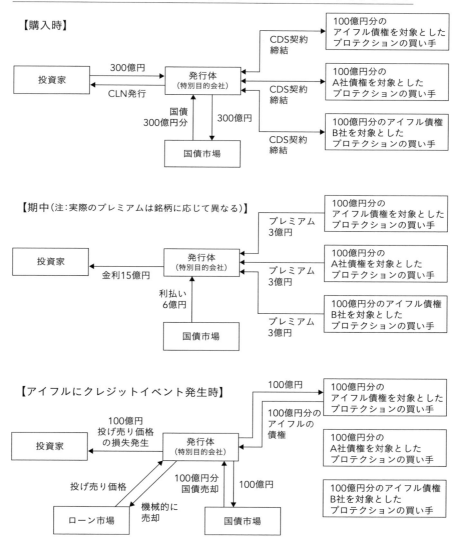

注：実際は組み込まれた銘柄数ははるかに多いが、説明のため3社とした。

CDSはクレジットイベント発生後の精算プロセスにおいて、ローンの価格は入札で決められ、価格がいかに低かろうと需給で成立した価格で精算されます。精算プロセスにおいて、プロテクションの売りと買いではプロテクションの売りのほうが多く[34]、売りと買いを相殺して、最後に余った差額部分のローンは市場で売却して現金化し、精算が終了します。通常であればローンの市場価格はほかにポジションを抱えている金融機関への影響などもあり、価格の急激な変動は避けられるような売り方となることも多いですが、アイフルはCDSの精算手続きの一環として行われ、その結果、価格は大きく下落しました。

　当時、入札に応じたのは外資系やヘッジファンドであり、十分な利益を確保できると彼らが判断した価格での入札となったのです。かくして、相当額のローンの売買が非常に低い価格で成立し、ディストレスト、ハイイールドの投資するファンドや外資系の自己勘定投資部門（プロップデスク）のもとへと転売されていったのです。

### 特徴的だったとADRの採用

　さらにアイフルの特徴として挙げられるのは、ADRの対象とされたことでした。

　ADRは比較的新しい手法です。経営が悪化した企業の再建には、会社更生法や民事再生法といった法的手段が一般的ですが、いずれもいわゆる倒産であり、特に日本においては申請のハードルが高くなっています。米国では比較的早い段階でチャプターイレブン（米連邦破産法第11章）を申請し、早期の再建を目指す例が多く見受けられますが、日本においては経営が悪化したまま引っ張って結果的に再建を困難にしてしまうことが多くなっています。

　私的整理であれば、倒産というイメージを与えることも少なく、機動的にものごとを進めやすい一方、法的整理と違い、債権者間で自主的に再建案に合意する必要があります。この合意は「どの債権者がいくら損失を負担するかを決めることになるわけですが、利害関係が露骨に衝突するため、関係者間で自主的に合意することは極めて困難になります。

---

[34] 現物で決済する投資家がいるため、価格で精算する場合は売りと買いでズレが生じる。

そこで私的整理でありながら、公的な立場の人間を仲介役として機能させることが可能となったADRという手法が新たに登場しました。公的な立場の人間が間に入ることなど高く評価されましたが、利点ばかりに見えたADRにも大きな問題点がありました。法的な倒産手続きではなく、あくまで私的整理の枠組みであるため、融資の条件変更などはすべての債権者の全員一致でなければならなかったことです。直接の融資をしている者が協議して全員一致で判断するというのは、実務的に不可能ではありませんが、誰が保有しているのかすら確定できない公募社債に関して、保有者全員の同意を取り付けることは不可能に近いといえます。

　社債では、社債権者集会を開催して条件変更をすることも理屈上は可能ですが、社債権者集会は発行している債券ごとに別々に開催しなければならず、アイフルのように発行している債券が多く存在している場合、実務上は不可能でした。そういった事情から、ADRによるアイフルの再建計画では、公募債は無傷で金利の減免や額面の減額、期間の延長もなく、償還日に全額償還すると決めざるを得ませんでした。しかし、ADRは銀行借入の満期の延長（リスケジュール、通常「リスケ」）を伴うものであったため、格付会社は格付を選択的債務不履行とし、社債の格付も大幅に格下げされました。

　前述のように、消費者金融業の場合は毎月貸付金からの弁済金収入があり、その資金を新たな貸出に使わなければ、自己の債務の返済資金を捻出できる、という収益構造から公募債に高い投資妙味が発生したのです。

　当時のアイフルクレジットに投資していた中心的主体は、海外ヘッジファンド、外資金融の自己勘定部門、海外の富裕層でした。投資家の関心は「いつになったら過払金請求が減速し、年間の利益の範囲内で収まるようになるか」の一点でした。過払金に関しては、基本的に有限であること、対象者全員が申請する可能性は非常に低いと思われていたこと等から比較的早く鎮静化すると思われていました。ところが、過払金の申請は、想定よりも明らかに減少ペースが遅く、いつまでたっても減る気配を見せませんでした。

その理由はいろいろと報道されていますが、一番多く指摘されていたのは、過払金請求ビジネスが、弁護士・司法書士にとって収益的に極めて魅力的であったことでした。弁護士・司法書士による過払金請求者の掘り起こしは執拗に続き、テレビや電車の広告等にも過払金請求に関する広告が後を絶ちませんでした。

　また、倒産した武富士や三洋信販の顧客リストが流失したという噂もありました。消費者金融からお金を借りる人は1社に限らない場合が多く、大手の顧客リストを不正入手できれば宝の山を手にしたのも同様です。かくして、アイフル向け債権価格は、過払金申請件数の推移にリンクする状態が続きました。

　アイフルがその後、最終的にADRを卒業するまでは長い道のりでした。ADR最終局面における外資系金融機関やヘッジファンドとの交渉も熾烈を極めますが、最終的に無事にリファイナンス（借り換え）に成功し、途中でアイフル向け債権や公募社債を額面以下で売却した投資家や金融機関以外は損失を被らずに終了したのです。その意味では、アイフルに関するクレジット投資の収益の源泉は、額面で購入した投資家や融資を提供した金融機関が売却時に被った大幅な損失が、額面を大きく下回る価格で購入した投資家に移転したものでした。

　損失を被った投資家や金融機関の多くは、同社のキャッシュフローや過払金の状況を十分に調査・分析したうえでの判断ではなかったのでしょう。社内ルールに従うなど、クレジットリスクとは別次元の理由により実損を伴う処分を選択したと思われます。したがって本件に関しても、信用リスク分析力で投資リターンに差が出たのではなく、組織的なルールや人事評価システムの歪みをついた、いわば制度のアービトラージ（裁定取引）が行われたと考えるのが妥当ではないかと思っています。

## 独立系ゆえの苦悩

　アイフルが、同業のアコムやプロミスと決定的に異なったのは、独立系であった点です。アコム、プロミスは大手メガバンクの傘下に入ったことから、信用リ

スクも流動性も、まったく問題がないものと見なされました。一方のアイフルは、あくまで独立維持を貫き、かえってその点がクレジット評価にはマイナスにとられました。

　経営の独立性を維持できれば、今後復活した後に高い株式の価値が発生し、経営権も維持できるため、苦しくても独立を維持することには現経営者にとっては大いに意味があります。しかし、倒産してしまっては株式の価値はゼロとなってしまいます。もし、そこまで追い詰められてしまったら、そのときに売却すれば経営権は失ってしまうかもしれませんが、売却代金をもらうことができます。倒産なら、すべてを失うだけです。

　アイフルは、本業の収益力低下に苦しむ銀行にとっても格好の買収対象であり、海外のファンドも含めて、売却しようと思えばいつでも売却できる状況でした。つまりクレジットリスクの観点からは、アイフルが独立にこだわっているから倒産リスクが高いと考えるのは誤りなのです。こういった投資行動はハイイールドやディストレストの投資経験が浅い投資家には多く見られます。

　もちろんアイフルの場合、投資家も金融機関も信用リスクの低い、安全な投資対象だと思ったから取引を始めたので、クレジットが悪化した場合の対応が十分でなくなってしまったことに関しては責められない部分も多いでしょう。しかし、もったいない展開になったことは確かです。過払金の負担や武富士の倒産に惑わされず、同社の資金繰りを冷静かつ精緻に分析した投資家が大きな利益をあげました。

## 4　企業価値の算定力で社債権者集会の交渉に勝つ：コバレントマテリアル

　コバレントマテリアルの社債は、日本のクレジット市場においては極めて珍しい動きをした債券でした。

　同社はもともと東芝の子会社で、東芝セラミックスという社名でしたが、プライベート・エクイティ・ファンドのカーライルとユニゾンが出資してMBO

（Management buy out、経営陣による会社の買収）によって独立して社名変更しました。独立時の業績は良好でしたが、リーマンショックに巻き込まれ、業績が極端に悪化して信用不安に至ります。

　コバレントマテリアルは、ファイナンス構造に特徴がありました。通常、社債を発行する場合は満期や金額を分散させ、リファイナンスが円滑に行われるように配慮しますが、同社の場合は、リファイナンスは予定していなかったのか満期構造の偏った調達になっていました。まとまったファイナンスをまず行い、その資金で設備投資をし、収益から上がる資金で債券は一気に弁済し、バランスシートが健全になったあたりで再上場を行い、投資を回収する予定であったろうと思われます。

　一括弁済の予定なら、リファイナンスを意識した調達構造にする必要はありません。ところが、リーマンショックによって予定が狂い、会社の規模からすると明らかに過大な社債の償還の山ができて、それを支払うだけの資金繰りがつかなくなってしまったのです。

　格付が急低下して債券価格も大幅に下落し、一時期40円を割り込みます。そこまで下がってしまうと、必ず登場するのが、ヘッジファンドや外資金融の**SSG**（Special Situation Group：信用力悪化先に自己勘定で投資する部門）、**プロップトレーディング**（Proprietary Trading：自己勘定取引）部隊です。債務構造やシリコンウエハービジネスのキャッシュフローなどから、十分に投資妙味があると考えた彼らのような海外勢の手に、債券の相当量が渡っていました。供給したのは例にもれず格付低下に耐えられなくなった国内機関投資家筋でした。同社に対するクレジットストーリーとしては、事業売却によって得た資金で社債を償還するであろうという予想でした。半導体ビジネスの常として、ともかく先行設備投資資金が必要ですが、同社にはそれだけの投資を行う体力はありませんでした。そこで、ウエハービジネスそのものを売却し、その資金でまとめて返済できると読んだのです。

　ウエハービジネスの買収には台湾の会社から打診があり、債券の償還には

十分な金額であると思われ、債券価格は上昇しました。ところが、実際の買収はいつまでたっても公表されず、買い手側からは「当局の許可が下りないため買いたくても買えない」という返事が繰り返されます。さんざん待たされたのちに、これ以上安い価格では残された企業が存続できないぎりぎりと思われるような低い価格が、最終的に提示されました。関係者は、交渉相手のしたたかさに驚かされたようです。これを受けて、ウエハービジネスの売却資金をもってしても残った社債の満額を弁済することは不可能となり、倒産を回避するために社債権者集会が開催されることになりました。

**債務者側の思惑が外れた社債権者集会**

　日本における社債権者集会は、債務者にとって有利に展開する場合がほとんどです。

　理由は単純です。まず、社債権者からすれば、社債権者集会を開催するに至ったということは、少なくとも期日通りに社債を償還する資金がないことから、事実上倒産したのと同様の認識となります。つまり投資としては完全に失敗で、あとは敗戦処理を残すのみ、といった心理状態になっているのです。

　さらに日本における公募債の投資家はその投資ストラテジーにおいて、倒産した状態の債券の回収価値を最大化するためのアクションを起こすことは想定していないうえ、ビジネスモデルとしても想定外であり、そういった状態に至った場合の債務者との交渉などの経験も知識もノウハウももっていないのが一般的だからです。

　社債権者集会の債務者側のテクニックについては次の第10章で詳しく説明しますが、コバレントマテリアルの場合も、初回の社債権者集会で提示された条件は極めて債務者にとって有利な条件となっていました。

　ただし、コバレントマテリアルの場合は少し事情が異なっていました。社債権者集会が開催されるかなり前から、価格が大幅に下落した局面があったこともあり、社債権者の7割以上がヘッジファンドや外資系投資銀行になっていたの

です。

　さらに、コバレントマテリアルの債務の構造には特徴がありました。通常の場合、企業の有利子負債は金融機関からの借入金が含まれますが、銀行ローンに抵当権が設定されており、工場には抵当が打たれていました。しかしウエハービジネスの売却は決まっており、売却に際しては工場に設定された抵当権を抹消する必要がありました。買収する側からすれば買収資産に抵当がついているということはありえない話であり、銀行側にしても抵当を抹消するのであれば被担保債権を弁済してもらうのは当然です。したがって、売却に際して支払われた現金の大半は、銀行借入の弁済に充当されたのです。

　その結果、コバレントマテリアルの債権者は、ほとんどが社債保有者、かつ銘柄も1種類だけだったのでした。つまり、仮に社債権者集会が成立せず、会社更生や民事再生に移行となった場合でも、再生計画案を否決できる立場となります。もし社債の額が全債務においてわずかな比率しかないのであれば、債務者としても、事前に銀行と相談して大筋の方向を決めておけば、法的処理に移行となったとしても社債権者の意向などは無視できます。この状態は次でとり上げるエルピーダの場合に該当しますので、その点は後述します。ところが同社の場合は、社債権者の合意を得られない限り、どうしようもないのです。

　社債権者集会は開催されましたが、極めて異例な展開となりました。会社側案に対して債権者側が拒否を表明し、採決をとるまでもなく、社債権者集会を再度開いて、すべての条件が見直されることとなったのです。結果として、当初案に比べてはるかに社債権者に有利な案が提示され、承認されることとなりました。

　日本の社債投資に関して投資家が企業再生のプロセスにこれほど積極的に関与し、投資パフォーマンスに大きく寄与した例は、筆者の知る限りほかにはありません。社債投資、それもハイイールドに投資する場合に、その会社の債務構造の特徴を詳細に分析することの重要性を再確認させられた事例でした。

　また余談ですが、交渉の過程で社債権者の意思統一を図る必要が生じたことから、日本のクレジット投資をするヘッジファンドや外資系投資銀行の連携が

強くなったという副作用（？）を生んだのでした。

## 5 想定外の倒産タイミングに撃沈することも：
## エルピーダメモリ

　半導体メーカー、エルピーダメモリの倒産劇はクレジット市場の関係者にとって衝撃的でした。筆者はエルピーダ倒産時における債権者の一人（正確には債権者の従業員）であり、同社の法的倒産手続きに多少なりとも関わったことで、本邦の企業倒産処理実務の問題点を自分なりに実感できました。しかし、詳細については公開されていないことが多いことから、ここでの言及は割愛し、公開情報ベースでポイントを述べます。

　エルピーダは、いわゆるプロのクレジット投資家のほとんどが損失を被った、珍しい銘柄です。日本の半導体の競争力低下はかねてから指摘されており、市況が回復しない限りいずれかのタイミングでデフォルトする可能性があるとみる向きは多く、結局2012年2月に破綻しました。しかし、実は破綻の一報が届く直前まで、少なくとも2012年3月満期の債券は償還される（＝3月末までは倒産しない）と思われていたのです。

　同社は2月14日に発表した2011年度第三四半期報告書に継続企業の前提について不確実性が指摘されていました。しかし、2009年6月に産業活力再生法の適用を受け、認定された事業再構築計画が2012年3月末までのものであり、それに基づいて日本政策投資銀行が主導したシンジケートローン700億円の満期を4月2日に迎える予定でした。市場は、公的な金融機関が関与したローン案件をいきなりデフォルトさせる可能性は低いと考えていました。シンジケートローンの借り換えに応じないことが法的破綻の直接の原因となれば、経済産業省主導で実行したシンジケートローンが倒産の引き金を引いたことにもなるためです。

　3月満期の債券はシンジケートローンの満期日（＝折り返し予定日）より前であっ

たことも安心感を醸成していました。また、一般的にあれだけ大きい会社が法的に処理される場合は、政府が相応の関与をすると市場では信じられており、エルピーダに関しても例外ではないと思われていました。

つまり最終的な判断に至るとしても、関係各社の調整にかなりの時間を要するであろうと考えられていたのです。前述の通り、エルピーダに関して、当時の市場関係者の多数派の意見は、4月3日のローンの折り返しが1回はなされ、秋くらいまで猶予が与えられ、そこまでにメドがつかなければいよいよ法的処理の可能性があるのではないかというものでした。ただし、公開情報に基づく市場の予想などというものは、基本的に想像でしかないため、市場が正確に倒産のタイミングを予想できないのは当然ですが、それまでの商慣行からある程度のシナリオを予想していました。

ところが2月の下旬、それも金曜日でもないタイミングで、預金を他行に送金したうえで裁判所に倒産を申し立てるという、大企業の破綻プロセスとしては想像を絶する形で倒産が発表されたのです。

これは、市場の予想を完全に裏切った動きでした。エルピーダの倒産は、一流外資系のトレーディングデスクに大きな損害をもたらしたという噂が駆け巡りました。エルピーダは日本の一流半導体メーカーのメモリ部門を統合させて鳴り物入りで発足させた日の丸半導体メーカーであり、もし時の政権が自民党であったなら違った展開になったであろうと思われます。エルピーダに関しては、所轄官庁の関与度合い、当時の民主党政権の関与度合い、救済候補者であったマイクロン社の動きなどについての読みを誤ったわけですが、いずれにしてもそれ以前の大型倒産のパターンとは随分と異なる展開であり、その結果として、いわゆるプロのクレジット投資家に想定外の損失をもたらす結果となったのです。

エルピーダメモリは、本業が悪化しているにもかかわらず、定性的な要因から倒産のタイミングを予想し、その点に賭けるという投資パターンに影響を与えました。日本の製造業に関しては、倒産の有無やタイミングに対して、政府や

銀行などの大口債権者の立場をあまり織り込まなくなったのです。同時に、その後のエレクトロニクス系企業の業績悪化に際して、市場が過剰反応する副産物を生む結果ともなりました。

**管財人との戦い開始**

　エルピーダでは、ヘッジファンドも完全な負け試合となってしまいましたが、プロとしては負けっぱなしというわけにはいきません。そこから先は回収価値を最大化させ、できるだけ損失を抑えなければなりません。

　ここから、管財人との戦いが始まりました。エルピーダの3月債に関しては、参加者の多くは満額償還されるという前提で投資をしていましたが、それ以降に満期がくる債券に関しては、倒産を視野に入れたプライシングとなっていました。要するに、3月償還の債券の値段は高く、それ以降に償還される債券の値段は大きく値下がりしていました。倒産を視野に入れたプライシングをするためには、どれだけ正確に回収率を見積もるかが勝負となります。

　エルピーダの場合、商品そのものに競争力がないわけではなく、負債が大きかったことで価格競争力を発揮できていなかったため、仮に法的な倒産となっても、再生プロセスで一定レベルまで債務を削減すれば再生は十分可能であると見られていました。現在のマイクロンメモリジャパン（旧エルピーダ）をみても、その判断が正しかったことは証明されています。回収率の予想をするうえでは、弁済可能な金額を算定して既存債務に割り付ける作業を行いますが、相当保守的にみても40％は十分に回収できるであろうと市場参加者たちは読んでいました。ところが、実務の世界では、それほど簡単にいかなかったのです。

　企業再生において不可欠なのは新しいスポンサーであり、新スポンサーからすれば、投資する資金は、少なければ少ないほど良いのは当然です。また再生計画を認可する裁判所としても、再生に失敗して二次破綻する可能性が高い再生計画より、債務を多く削減して、再生可能性がより高い再建計画のほうが認可しやすいのは事実です。

　もちろん更生計画案は債権者によって可決されないことには成立しません。

どうしても合意を得られなければ、再生は諦めて破産・清算に移行しなくてはなりません。債権者としてもあまり高い弁済率を求めて二次破綻につながっては意味がない一方、弁済可能な額を大幅に下回る回収率しかない案を認めるわけにもいきません。落としどころを探さなければならないのです。ここはお互いの利害が衝突しますので、非常に厳しい交渉となります。

## 倒産後の交渉力を推し測る

　倒産した会社の再建計画の認可は、基本的には担保で保全されているグループと無担保グループで別々に行われます。担保付きと無担保で、弁済率に差が出るためです。通常の再建計画では、両グループの合意を得なければなりません。しかし状況によっては、片方のグループの合意だけで、計画が認可されることもありえます。

　金額の多寡や再建プロセスにおける追加ファイナンスの可能性など、いろいろな要素を考慮して、最終的にどのような計画が策定されるかが決まるのです。極端な場合、あるグループにとって非常に負担の大きい計画が策定され、そのグループの債権者たちがその案を認めなかったとしても、全体的な再建計画が裁判所に認可されるケースは存在します。

　エルピーダの場合は、海外のヘッジファンドや外資系投資銀行が相当量の債権を保有していました。管財人との交渉に際し、無担保債権者はグループを作り、独自に弁護士を雇って、自分たちの回収率を最大化すべく交渉を始めました。

　再建計画策定に際しては、再建途上の資金繰りも当然極めて重要であることから、管財人は銀行との交渉を優先する傾向にあります。エルピーダの場合も、担保で保全されている銀行団への弁済が優先され、無担保部分は投資家が想定していたよりはるかに低い数字が提示されました。提示された案を到底受け入れられない無担保債権者は、独自にスポンサーを探し始め、債権者主導の再建計画を策定して提出しました。しかし、最終的に受け入れられず、無担保債権者にとっては、不満の多く残る結果となりました。

結局、法的破綻プロセスにおける交渉の過程においても、いかに交渉力を強くもつ立場に立てるか、が勝負の分かれ目になります。

　ハイイールド投資を行う際には、ある程度の倒産の可能性を考慮せざるをえません。そして、もし法的処理に移行してしまった場合の交渉力の強弱をきちんと分析したうえで投資判断を行う必要があります。再建計画の策定プロセスにおいては、どうしても新スポンサーの意向や担保で保全し、かつ再生中の資金を供給可能な銀行の意向が通りやすいということは、十分に認識する必要があります。回収率の予想をする際も、そういった点に注意して価値の予想をしなければなりません。

　エルピーダで多くのプロが損失を被りましたが、一番の要因は倒産タイミングが予想より早かったことです。倒産するその日まで、翌月満期の社債までは償還されると大半の投資家が考えており、その時点では合理的な判断だったと思われます。経営立て直しに向けた提携交渉が相次いで暗礁に乗り上げた背景でさまざまな関係者の思惑も絡み、倒産が早まったかなり特殊なケースだったようです。同様のケースが今後発生する可能性は低いですが、社債投資のリスクの一形態として認識しておくといいかもしれません。

# 第10章 万一デフォルトした場合の対応法

## 1 倒産手続きが始まったら

　倒産しないと思って投資して倒産してしまった場合と、倒産することを想定したうえで投資していた場合で、投資家の動きは異なります。また倒産する前は何の取引もしていなかった投資家が、倒産した後に参入する場合も異なります。なお、ここから先の「倒産」は基本的に会社更生法を前提としています。

### 1 倒産しない前提で投資していた場合

　基本的に大きく損害が発生して、作業としては敗戦処理になる場合です。せめて回収率をできるだけ高くするよう努力することになりますが、社債の保有者に努力する余地はどれくらいあるのでしょうか。会社更生に入ってしまうと債権者にできることといえば、債権者集会での再建案について賛成・反対の投票をすることくらいです。

　債権者集会の投票は債権額の過半数で決まります。これは株主総会などと違って、債権者の数は関係ありません。1人の大口債権者が51％の債権をもっていて、残りの100人で49％もっているような場合は、51％を1人でもっている人の判断で決まります。ですから、もし相手側（発行体の管財人）が債権の51％をもっている債権者と正式に決定する前に、事前に当事者ベースで非公式に合意をとっていたりすると、もはや手の出しようがなくなります。

なお、ここでいう相手側（管財人）というのは、裁判所が指名した再生担当の弁護士です。弁護士にも専門分野があり、管財人は再生分野の専門家で、損していきり立っている債権者と戦わなくてはならないこともありますし、倒産絡みの筋の悪い人たち（潰れた会社の債権を安く買い集めたりする人たち等）とやり合うこともありますので、親切で穏やかな態度を期待してはいけません。仕事柄、相当厳しいことをいってきます。

　もし3分の2以上の債権をもっていれば[35]、かなり交渉の余地が出てきます。再建計画は債権者が承認しなければ先に進まないからです。仮に1人で3分の2以上をもっていなくても、他の債権者との合計が3分の2を超えれば、共同戦線を張ることで、十分に管財人と戦ったり、条件交渉をすることができます。
　ここで実務的に悩ましいのは、誰がいくら債権をもっているかが、事前には公表されないことです。債権者説明会でめぼしい債権者に見当をつけて話かけるなどの作業をしなければならず、かなりの手間と覚悟が必要です。
　一方、プロの投資家の場合、すでにそれなりの量を保有していて、できるだけ多く集めたいと思っている場合もあります。その投資家は多少のコストを払ってでも債権を集めたいので、高く買ってくれる可能性があります。したがって、小口の債権をもっている場合は、できるだけ多くの金融機関に、自分がもっている事実と売却の意思があることを知らせると、効果的に売却しやすくなります。倒産してしまった企業の債権をもっていたことは、対外的にみっともないので隠しておきたい気持ちもあろうかと思いますが、収益的に十分な余裕でもない限り、損失は最小にとどめる努力をすべきでしょう。

　次に、売却できずに保有し続けた場合ですが、更生計画は大抵の場合、債権額のかなりの部分がカットされ、残った部分も数年にわたる分割払いとなります。たとえば100万円の債権額であれば、85%カットされ、残りの15%を3%ずつ5年間で返済する、といった具合です。こうなると、もっていた社債が

---

[35] 会社更生法における無担保債権者の話で、担保付きの場合は異なる。

1000万円だとして、キャッシュフローの面では2年目以降30万円ずつ5年にわたって返ってくることになりますが、その間、帳簿に記載したり、会計処理に反映させたり、保有債券の内容として会計士に説明したりしなければならず、事務コストも相応に発生してしまいます。また、再建計画が途中で頓挫してしまって、途中で残額が損失になってしまうこともあります。

　その手間を考えれば、金融機関などに15%以下で売却してしまって、敗戦処理は終わりにしてしまうというのもひとつの方法です。

## 2　倒産前提で投資していた場合

　ハイイールドの投資家には、倒産しそうな会社にあえて投資することもあります。倒産しそうになって価格が大きく下がった場合、そこで買い、倒産すれば損は出ますが、倒産しなければ大きな利益が出るからです。

　倒産すると思っている会社の債券を買って、その後倒産したのに利益が出るなどということはあるのでしょうか？

　購入価格よりも回収率のほうが高ければ利益が出ます。本書では繰り返し述べていますが、投資は「安く買う」ことが基本中の基本です。安ければ、倒産しても構いません。先の例では、倒産しそうになって格付も大きく下がり、株価も明らかに倒産を示唆するほど下がってしまったような場合、投資家（の所属企業）の保有制限に抵触してしまったために、問答無用で売却するよう指示を受けることがよくあります。そうなると、いくらで売れるかではなく、「いくらでもいいから売る」になります。期末の報告書などに、その銘柄を保有していることが記載されないことが重要になるのです。

　たとえば、ハイイールドのファンドが回収率15%と予想した場合、その半分程度の7〜8円で買うというケースはよくあります。

　一方、売り手の立場で考えてみますと、負け試合のことはさっさと敗戦処理して忘れてしまいたいし、損するのが85円だろうが93円だろうかはあまり関係

なくなっています。そもそも回収率は3%くらいになってしまう可能性もあり、そうなったら7円で売るのは会社にとってプラスとなる正しい判断であったともいえます。

もし売り手がこのような背景で売ってくれるのであれば、投資する側からすれば、7円で買ったものが15円になれば大儲けです。

### ３ 倒産後に売買が発生する場合

会社が倒産しそうになった場合、すでに債券価格は大幅に下落しています。債権者としても、「もはやここまで下がっているのだから、今売っても仕方ない。最後まで付き合う」という心情になることもあります。不透明要因がある程度残っている状態で、大きな損失が確定する判断を経営陣がしたがらないという日本の組織上の理由で、保有している債券の価格がだらだらと下がり続けます。結局、倒産まで処理できない状態になってしまうという展開です。

その後、再建計画が発表され、回収率が15%であると発表されたとします。

もしそのときに、その債権を15円で買うという投資家が現れたら売るべきでしょうか？ 再建計画が予定通り実行されずに頓挫して、二次破綻する可能性もあるうえ、回収に5年もかかるものを15円で買うといわれたら、投資家としては売ってしまったほうが明らかに有利に見えます。

逆に、そんな値段で倒産した後の債券を買ってどうするのでしょうか。実は、回収率は再建計画よりも高くなる場合があります。管財人としてはともかく再建しやすいような計画を立てる必要がありますので、基本的にかなり保守的に見通しています。できるだけ大きく債権カット、つまり債権者に損を押し付けようとします。押し付ければ押し付けるほど、再建の可能性が高くなるためです。

その結果、再建計画を遂行しているうちに予定よりも弁済原資が多くなることがあるのです。たとえば資産を売却して弁済しようと思って売却価格を低めに見積もっていたら、思ったより高く売れた場合などです。また、裁判でもめている案件があり、負けるかもしれないので損害賠償用にお金を多めにとってお

たら、裁判で勝ってしまったために払わなくて済む場合もあります。ハイイールドが専門のファンドなどはこの手のことまで非常に細かく調査しますので、回収率が当初案よりも高くなる可能性を予測できることもあります。

実はヘッジファンドのなかには、回収価格がいくらになるか調査するのが面倒なので、倒産した銘柄は「何でもいいから15円で買う」というファンドもあります。プロにしては随分乱暴な買い方ですが、回収率については、米国で平均40％程度になりますので、エイヤーと15円で買っておけば、投資全体として勝てる可能性はあります。

それ以外にも倒産発表直後の狼狽売りにより、売られ過ぎで価格が大きく下がってしまうこともあります。そこで買っておいて、その後に価格が落ち着いて戻ってきたところで売る、という相場の需給で短期売買するような投資家もいます。こちらは需給関係がよくわかっているいわゆる「業者」の取引です。倒産した会社の債券は流動性が低いため、売値と買値の価格差が大きく、一般的な投資家にはなかなか売買で収益をあげる対象にはなりません。

## 2 管財人と戦う場合

小口の債権者の対応方法を説明しましたが、大口の債権者となって再建計画に相応の影響を与えられる立場になった場合のことも説明しておきます。

会社更生などの手続きにおいて、再建計画の承認は、担保付きと担保なしで大きく対応が異なります。さらにいうと、再建計画の承認は株主も参加できるのですが、倒産しているため、株主には残余財産は残っていないはずです。株主がお金を返してもらえるとしたら、担保債権者、無担保債権者に全額満額返済して、それでもお金が残ったときの話です。このため倒産している場合は、よほどの特殊事情を除いて株の回収はゼロと考えて問題ありません。したがって管財人との戦いは、「管財人v.s.担保付き債権者と無担保債権者」となります。

ここで「戦い」といったのは、前述のように、管財人側はできるだけ債権をカットして身を軽くしたほうが再建しやすくなりますし、債権者側は再生ができるぎりぎりのレベルまで借金を返してもらおうとするため、完全に利害が対立します[36]。債権者としても、「投資は自己責任ですので、倒産してしまったものは仕方ない。素直に諦めますので好きなだけカットしてください」などというわけはありません。
　また、貸した先が倒産してしまい、債権が回収できなくてみずからも連鎖倒産してしまうということもよくあります。ヘッジファンドの場合、運用成績が悪ければ、信用を失って資金を引き上げられ、会社が潰れてしまうということすらありますので、回収する側も命がけです。戦いという言葉も、大げさではありません。

　しかし、管財人との戦いは、実はかなり不利です。
　まずいえるのは、相手は法律のプロで、圧倒的な法律知識をもっていることです。一方、債権者はディストレス系ヘッジファンドのようなプロ集団ならまだしも、一般的な事業会社で売掛金が焦げついてしまった、もしくは投資適格の債券にだけ投資するサラリーマン系投資家などの場合は、管財人のような倒産のプロの連中と渡り合うのはまず自力では無理です。こちらも倒産に詳しい弁護士を雇って、彼らのアドバイスを受けながら戦うことになります。

　次に、管財人と裁判所のインセンティブの方向が基本的に一致していることです。裁判所としても、更生手続きの開始決定をしたり、更生計画を認可した以上、計画がうまくいかなければ、裁判所の判断が甘かったことになってしまいます。
　したがって、裁判所としてもできるだけ手堅い再建計画のほうがいいわけですが、それは「できるだけ多めに債権をカットする」という方向につながります。
　実際、大型の倒産で9割近くの債権カットを無担保債権者がのまされて、その後に再生がうまくいって最高益を更新したとなれば、再生に関わった人たちは英雄です。しかし、債権者からすれば、「あれだけカットされたのだから当然だ。史上最高益計上するくらいなら金を返せ」という気持ちになります。もちろ

---

[36] 当然だが、管財人は債権者を害することを主目的としているのではなく、会社の再建を重視しているため。

ん、その後に再上場などということになれば、倒産した後にスポンサーとして出資した投資ファンドなどは巨額の儲けとなって大喜びします。

## 管財人のインセンティブを利用する

そこで、まずは管財人側のインセンティブをうまく利用できないか考えてみましょう。

管財人にとって一番困る事態は何でしょうか。

会社の再建を託されて就任した以上、債権者との調整が不調に終わり再生プロセスにのせられず破産というのが、最も避けたい事態であろうと思います。個人的な名声を重視する弁護士は少数で、人を助けたいという思いが強く社会的使命感をもった弁護士が大半だと思いますが、それにしても、再建がうまくいかなければ、再生専門弁護士としての評判が下がり、次からの依頼に少なからず影響を与えるでしょう。つまり、債権者との交渉が決裂して破産手続きに移行するような事態は、避けたいと思っているはずです。そうなると、こちらは「そんな条件では承認できない。だめなら破産に移行してもらって構わない」というカードを切るのです。

ただし、このカードは諸刃の剣です。

破産となると、再生よりも回収率が低くなってしまう場合も多いからです。そうなると管財人としても、債権者は否認→破産処理というカードはそう簡単には出せないはずです。お互いに、相手が耐えられないぎりぎりのところを探りあって交渉することになります。

## 再建計画を精査する

あとは管財人が出してくる再建計画の甘さを、きちんと突くことです。再建計画を作るときは保守的に見積もって、できるだけ儲からない前提で計画を作ります。あまり儲からなければ、当然借金の返済原資は少なくなるわけですので、計画上の弁済率が低くなるからです。

たとえば、借金100億円の会社が倒産したとして、本当は計画ベースで年間

20億円くらい利益が出て、借金も毎年10億円くらいは返せる予定でも、利益は年間5億円程度で、返せる借金も1億円くらいしかない、という計画にします。年間10億円返せば5年で50億円返済できます。債権カットは50％。しかし、返済できる金が年間1億円にすれば、返せるお金は5年で5億円しかない。これだと95％カットです。これ以上返したら、設備投資もできずに資金繰りが行き詰まって二次破綻してしまう、と主張します。これを鵜呑みにしてしまうと、95％カットを受け入れざるを得なくなります。

　このようなとき、正当な分析で実現可能性が十分高い計画を債権者側から出すことによって、管財人に一方的に有利な展開となることを避けることができます。場合によっては、新しいビジネスパートナーを連れてきて紹介するという手もあります。なお、これは管財人が債権者に対して、意図的に不利な計画を策定している、と主張しているのではありません。再建を確実にするために、立場上、正当化できる範囲内で一番手堅く計画を策定する傾向があるのです。

　再建に不可欠な新しいスポンサーへの配慮もあります。再生を目指す以上、新しく出資してくれる新株主を探さなければなりません。スポンサーがいくらまで出資できるかという点については、「**エンタープライズバリュー**（Enterprise Value：EV）」という考え方が使われます。これは、会社の価値をキャッシュフロー（前述のEBITDA）に一定の倍率を掛けたもので表す考え方です。このあたりは株式投資、M&Aや買収、合併ほど詳しく知る必要はないので詳述しませんが、次のように考えておくと、わかりやすいかもしれません。

　もし1株の配当金が毎年20円として、それが永遠に続くという株があり、その株への期待利回りが20％だとしたら、株価はいくらでしょうか。
　これは、100円になります。1株100円で買って、毎年20円の配当をくれるのであれば、20％のリターンということになります。20円の年間の配当に対して倍率が5倍の会社の企業価値が100円であるというのと同じことです。
　では、発行株数が1億株だとします。すると、配当総額は20億円ですので、

会社としての価値は100億円です。

　会社の価値は、借金と株の価値の合計なので「エンタープライズバリュー100億円＝借金＋株」で算出できます。ここで借金が100億円あると株価はゼロになって、そういう状態では新しいスポンサーは見つかりません。逆に、借金がゼロであれば、株に100億円の価値があることになります。つまり、ここでもキャッシュフローを少なく見積もり、債権カットを多めにとれば、株の投資家の取り分が多くなることになり、債権カットのインセンティブとなります。

　ここで想定するキャッシュフローが、管財人の主張よりも多いことをきちんと説明して、エンタープライズバリューが高いことを証明できれば、管財人も高めの弁済を認めざるを得ないわけです。

　もちろん、管財人も相応の理論武装をしています。通常は企業価値評価のプロとして、投資銀行（証券会社）の企業買収担当部門などをアドバイザーとして雇います。彼らは「いかにこの会社の再建は大変で、弁済原資がないか」ということを一生懸命説明します。この手の議論を大真面目にやることになりますが、相反する立場の代表者として議論するので、議論が平行線になることもあります。そのような場合は、茶番につきあわずさっさと引き揚げたくなりますが、そこはめげずに交渉します。相手も人間ですから、こちらがしつこいと多めに払って決着を急ぎたくなることもありますので、諦めてはいけません。

　ほかに、マスメディアを使って、世論を味方につける方法もあります。たとえば、新しいスポンサー候補が非常に悪質で、債権者に大幅な損失を押し付けて、思い切り債権カットし、みずからは有利な条件で新スポンサーとなって、数年でさっさと大儲けしようとしているような計画が明らかになったとします。その実情を週刊誌や経済誌などでとり上げてもらい、世間の批判を浴びるようになると、さすがに管財人や裁判所も考慮せざるを得なくなる可能性もあります。

### 担保組のなかでも銀行団の動きに注意

次に、担保組の存在についてです。

前述のように、再建計画は担保組と無担保組に分かれて投票しますので、管財人としても両方の了解を得る必要がありますが、やはり担保をとっているほうが圧倒的に有利です。無担保の場合に、会社が破産処理となると、会社がもっている資産をすべて売却して、担保をとっている債権者に先に返し、残った分からようやく無担保組は返してもらえます。

それもあって、無担保組は「いやなら破産処理するぞ」といわれると、かなりつらい立場にあるのは確かです。しかしながら、担保をとっている人は仮に会社が破産処理となっても、担保を売却したお金が被担保債権（担保がついている借金）の額よりも多ければいいので、「やれるものならやってみろ」というカードが切りやすくなります。

また、担保をとっているのは銀行であることが多いことも厄介です。会社の再生手続きでは、新しい運転資金の調達が不可欠ですから、管財人としても、他の小口の社債権者にくらべてはるかに大事にすべき相手だからです。さらに更生計画の認可に際して、基本的に担保組と無担保組の両方から承認されるべきという建て前がありますが、裁判所は仮に片方からしか承認を受けられなくても計画を認可することができます。それもあって、管財人としては、担保付の銀行団の合意だけもらっておけばいいと考えることも可能で、その意味でも無担保組は不利になります。

以上、いろいろ述べましたが、会社が法的に倒産すると、無担保債権者ができることはかなり限定されます。管財人との交渉テクニックをもって利益をあげるのは、現実には厳しいでしょう。

## 3 社債権者集会での戦い方

　倒産後に管財人とやりあう際の注意点について述べましたが、実は倒産前に開催される社債権者集会のほうが戦い甲斐はあります。倒産手続きの開始以降と比べて、投資家にとって圧倒的に有利だからです。なぜなら、相手側が是が非でも倒産したくないと思っているため、また、社債権者集会は株主の権利を生かしたまま、社債権者だけに損を先に押し付けようとする主旨のため、相手側も自分に都合のいいことを要求しているという負い目があるからです。

　実は社債権者集会を開催する側の勝負のポイントは、いかに金融や法律の知識がない投資家を有利に利用するか、という点につきると思います。こんな書き方をすると発行体側とそのアドバイザーを非難しているように思われるかもしれませんが、相手にしても倒産がかかっていますので、生き残るために必死で、法律で許される範囲で目一杯に自分にとって有利に交渉を進めようとするのは当然です。投資はお金を賭けた真剣勝負なので、勉強も努力もせずに投資して社債権者集会で相手に言いくるめられて不利な条項を認めてしまうほうが悪いともいえます。

**社債権者集会のプロセス**
　社債権者集会が開催される場合、常道といえるのが下記のプロセスです。

1. 会社側に極めて都合の良い条件を提示する
2. それが認められない場合は、法的処理（倒産）に移行するしかないと連想させる
3. 倒産してしまった場合の清算価値は○○しかない

　当然ながら、資金繰りに窮する会社の清算価値は非常に低くなります。どん

なに1.の条件が悪くても3.はさらに悪くなります。民事再生であれ、会社更生であれ、清算することは稀であり、再生を前提とした会社の価値について議論すべきですが、債務削減後の再生会社の企業価値の推定値などが提示されることはありません。会社にとっては不利な展開を招くためです。

たとえば、以下のような数字が社債権者集会で提示されたとします。

1. 会社案は元本85％カット、満期は10年、金利は1％を提示
2. 民事再生した場合にスポンサーに提示する企業価値から計算した弁済可能な債務は50％
3. 清算した場合の配当は3％

おそらく、3.の条件を選ぶ社債権者はいないでしょう。ところが提示された条件が1.と3.だけであれば、一般的な社債権者は1.を選ぶしかありません。そして合意できなければ「あなたが合意しなかったから、法的処理になった。倒産の引き金を引いたのだ」と言われてしまうのです。

社債権者集会には、必ず会計士と弁護士が出席します。そして3の数字が低いことの合理性を説明します。ここのポイントは、あくまで「破産、清算となった場合」の数字であることです。その限りにおいて会計士の作業に嘘はありません。また弁護士も「会社側が提示した条件が受け入れられなければワーストシナリオに移行せざるを得ない」という言い方をします。

聞いているほうは、会社側が提示した条件を飲まなければ保有している社債は清算価値しか回収できず、大幅な実現損が発生し、かつ倒産の引き金を引いたのは自分である、という印象をもつのです。ところが弁護士たちは「ワーストシナリオになる」と言っているだけで、清算するとはひと言も言っていません。清算価値についても「もし清算ということになれば、回収率がそれくらい低くなることがありうる」といっているだけで、会社側の提案を飲まなければ、清算価値以外はすべて損失になる」とは言っていません。このようにして社債権者集会は債務者側にとって極めて有利な条件で決着することになるのが通例でした。

このように書くと、債務者や弁護士、会計士が結託して社債権者をだましているような印象ももたれるかもしれないので、あえて公平と思われる意見を述べます。
　債務者も会計士も弁護士も、おのおの合理的な説明をしただけで、投資家に嘘をついているわけではありません。それぞれが、それぞれの立場で職務を全うしているだけのことです。金融、それも倒産がかかっているような状態では、債務者と債権者は戦わざるをえません。ぬるい準備で戦いに挑んだ者が負けるのは、仕方がないのです。倒産の可能性が迫っている会社に対し、債権者に有利な情報の提供を望むほうが間違いです。オリンピック格闘技の決勝戦で、相手が自分にとって有利に戦ってくれるのを望むようなものです。債務者が進んで説明しないのであれば、自分から質問して答えてもらえばいいのです。説明を聞いた投資家がどう判断するかは、投資家の自己責任です。

　さらに、法的処理となったとしても通常は再生を目指しますが、その場合の企業価値は、破産手続きによる清算価値よりははるかに高くなる場合が多くなっています。特に本業のキャッシュフローはしっかり出ていて借金だけが重荷になっている会社の場合は顕著です。

　そして説明の中では、破産処理になった場合は致命的に弁済率が低くなる、と言っているだけです。
　投資家側の問題点は、社債権者集会を開く時点で実質的に倒産しているのと同じくらい悪い状態である、という先入観で説明会に出席していることです。特に社債の場合は、投資適格で倒産の心配がないものだけを選んで投資していたはずであるため、経営状態が一定以上悪くなると冷静に判断できなくなるか、分析・判断するだけの知識や経験が不足している場合が多いのです。したがって、1と3だけ提示されると、その中から選択しがちになります。

**再建後のリスクまで背負わされないよう精査する**

　社債権者集会では、債務者（発行体）の提出する（会社にとって有利な）案が、どれくらい妥当であるか徹底して検証する必要があります。攻め方としては、相手の矛盾を突くことです。

　社債権者集会は倒産を避けることが主目的であるため、将来的に倒産せずに生き残れるシナリオを必ず用意します。一定以上債権をカットしたり満期を伸ばしてもらえれば生き残れる、というそのシナリオにおいて、借金を多めにカットしようとすると、前提条件で無理が生じることがあります。それを見つけるのです。

　たとえば、債権カットしないと生き残れないというシナリオにするには、そこから逆算したキャッシュフローを示します。それが現状のキャッシュフローや生き残りの前提条件からすると、いかにも低すぎる数字になっていることがあります。業績は今が底であり、これから回復すると言っているのに、今よりもキャッシュフローが悪くなるという前提を置くなどして、中期計画の予想などで歪みが発生します。また、大事をとって保守的に数字を作った場合であっても、メインシナリオではもっと良い数字がはじき出せる見通しなのに、さらに保守的な計画となる傾向があります。

　将来の下振れリスクまで、今のうちから社債保有者の権利を多めにカットすることで吸収しようというのは、随分と勝手な行為です。保守的に見積もることは嘘をついているわけでも騙しているわけでもありませんので、自分で検証せずに会社側の主張を鵜呑みにする投資家に問題があるのです。

　また、生き残るために社債権者集会をしているので（最初から再建の可能性がなければわざわざ社債権者集会など開催しません）、仮に会社更生などに進む場合でも、再生のシミュレーションは絶対にしているはずです。それもなしに、社債権者集会を開くことはありません。したがって、仮に会社更生や民事再生に移行した場合のプランを質問するのは、効果的な反撃になります。少なくとも、社債をカットした後の企業価値は、必ず計算しているはずです。

　仮にEBITDAが100億円で、会社の業界の倍率が平均5倍くらいであれば、会社は総額500億円くらいで売れるはずです。それに対して借金が200億〜

300億円であれば、担保付き銀行ローンの額にもよりますが、かなり高い回収が可能になります。

また「最悪の事態とはどういう意味ですか。法的な倒産という意味ですか。正確に解答してください」「仮に倒産になった場合は、絶対に破産処理になるのですか。それ以外の可能性について、発生確率も含めて説明してください」などと、参加者の前で質問することも効果があります。

法的倒産に進み、スポンサー探しに移った場合でも、会社の再建計画より弁済余力が高いと思うなら、発行体側に「最悪の事態になりますよ」と言われても、「どうぞ、倒産してください」と言い返せばいいのです。管財人側は、投資家が「会社案の拒否＝倒産＝全損と思っている」と高をくくっている場合もあり、債権者側が「じゃあ倒産してください」という予想外の反応を見せると、動揺することは確実です。もし再建案が否決されたら、取引銀行から怒られることは確実ですので、少なくとも条件が見直され、投資家に有利な条件での仕切り直しになる確率が高いでしょう。

**脅しすかしに負けず冷静に戦いに挑む**

ともかく、社債権者集会に参加することになった場合は、倒産してしまった会社の敗戦処理というイメージは捨て、会社の事業をよく分析し、相手の立場と弱みと専門性とずるさを調べつくしてから戦いに臨みましょう。

繰り返しになりますが、倒産しそうな会社との交渉は「修羅場」です。呑気に構えていて、戦いに勝てるはずはありません。日頃から倒産法制や会社法の知識をきちんと蓄えておくことも、非常に大切です。金融の世界は、知識こそが武器です。体系的な知識の習得は簡単ではありませんが、ある程度わかるようになると、仕事がとても面白いと思えるようになるメリットもあります。

# あとがき

　社債の初心者の方々の教科書になるような、わかりやすくて親切な入門書を書く、というのが本書の目指したところです。筆者は約四半世紀にわたり、企業やソブリンの信用リスクに関与し、引受業務も海外業務にも携わり、実際に投資の世界にも身を置いていました。セルサイドアナリスト時代を中心に、セミナーや顧客訪問を通じて投資家に説明する機会も多くあったことから、社債の入門書を書く仕事は自分に適任であろうという思いもありました。

　ところが書き始めてみると、社債の世界を数式をあまり使わずにわかりやすく説明することは決して簡単ではありませんでした。困った挙げ句に社内外の同僚・友人、師と仰ぐ諸先輩方など債券の専門家をつぎつぎと巻き込んで、どうしたら債券の基本原理を簡単に説明することができるのか相談する日々が続きました。その結果が本書の第1部ですが、それでも十分わかりやすくは説明しきれなかったかもしれません。力量不足は、ひとえに筆者の責任です。

　第2部では、投資の実践方法についてまとめましたが、ここで「投資で儲ける」ということについて、筆者が実際に経験したことをベースに少し加筆しておきます。投資で儲けるということは、決して簡単ではありません。一流大学を優秀な成績で卒業した、いわゆる頭の良い優秀な人であっても、投資で勝てる保証はありません。実際の世界では、一流大学卒どころか、ノーベル賞を受賞するほどの天才をもってしても、大失敗している例がいくつもあります。

　それでは投資で儲けようとする努力は、するだけ無駄なのでしょうか。もし、市場が極めて効率的で、すべての有価証券の値段がすべての情報を瞬間的に公平に反映するのであれば、そうかもしれません。しかし、実際の世界ではそのようなことはありません。市場が極めて効率的なのは、教科書のなかだけです。市場参加者のなかに諸般の事情から非合理的な行動をせざるを得ない参

加者は必ず存在します。そのような参加者がいれば、その他の投資家にとっては大変ありがたい存在であり、大きなチャンスです。詳しくは本文で説明した通りですが、制度的な歪みを正しく理解して、効率的に投資に利用することは投資効率を上げるうえで極めて重要な要素なのです。本書が読者の方々にそういった新しい投資機会を見つけるヒントを少しでも提供することができれば、それに勝る喜びはありません。

　本書の執筆にあたっては、大変多くの方にご協力いただきました。なかでも同僚で金融工学のプロでもある下南雅史氏には、プライシングモデルや基本的な価格変動のしくみの解説、株式との比較などにおいて大いに助けてもらい、氏の強力なくして本書の完成はありませんでした。ほかに、社債投資界の権威であるニッセイ基礎研究所の徳島勝幸氏には、全般にわたりアドバイスをいただきました。引受ビジネスに関しては宮岡誠一郎、浜本吉郎、林和彦、堀内晶子の各氏、流通市場の現状やCDS、各種規制、証券化商品などについては林直哉、鈴木清人、濱島晃、西善之、西川修平、山手康平、坂本太郎、小中光、木村仁志、田中康雄、田中勝典、溝原正稔、赤星俊輔、森本公美子の各氏の力を借り、ほかにも若手代表の読者モニターとして、松崎映や田畑紗希の両君には有用な意見をもらいました。ご協力いただいた皆さまには、この場を借りて深く感謝いたします。またダイヤモンド社の柴田むつみ氏には企画段階から深く関与いただき、何度も構成や内容が変更になるなか、辛抱強くお付き合いいただきました。

　最後に、執筆に際し客観的なアドバイスをくれた妻と、煮詰まる父を笑顔で応援してくれた子どもたちに、感謝の意を付け加えさせていただくことをお許しいただきたいと存じます。

　なお、本書の内容および意見は、すべて筆者個人によるもので、筆者の所属する企業・団体などの意見を代表するものではないこと申し添えます。

土屋剛俊

# 参考文献

江夏あかね『地方債投資ハンドブック』財経詳報社、2007年
大橋英敏『クレジット投資のすべて』金融財政事情研究会、2006年
河合祐子・糸田真吾『クレジット・デリバティブのすべて』財経詳報社、2007年
木野勇人・糸田真吾『ビックバン後のクレジット・デリバティブ』財経詳報社、 2010年
後藤文人『信用リスク分析ハンドブック』中央経済社、2007年
後藤文人『日本クレジット市場の特徴と投資分析』中央経済社、2014年
土屋剛俊『新版 デリバティブ信用リスクの管理』シグマベイスキャピタル、 2008年
土屋剛俊・森田長太郎『日本のソブリンリスク』東洋経済新報社、2011年
森田長太郎『国債リスク』東洋経済新報社、2014年
土屋剛俊『財投機関債投資ハンドブック』金融財政事情研究会、2003年
徳島勝幸『現代社債投資の実務』財経詳報社、2008年
森田隆大『格付けの深層』日本経済新聞出版社、2010年
ムーディーズ・インベスターズ・サービス著、日本興業銀行国際金融調査部翻訳
　『グローバル格付分析』金融財政事情研究会、1994年
みずほ証券『債券ハンドブック』みずほ証券株式会社、2010年
福島良治『デリバティブ取引の法務と会計・リスク管理』金融財政事情研究会、 2008年
奥野善彦『会社再建』小学館、2000年
千代田生命更生管財人団『生保再建』東洋経済新報社、2002年

# 索 引

## 【アルファベット】

ABS（資産担保証券） …………… 16
ADR（裁判外紛争解決手続き）
………………… 15, 181, 188〜189
CAMEL ……………………… 163〜164
CB（転換社債） …………………… 26
CBリパ（リパッケージ転換社債） …… 27
CDS（クレジット・デフォルト・スワップ）
………… 93, 178〜180, 186〜187
CFO（最高財務責任者） …………… 15
CLN（クレジットリンク債） ………… 98
COCO債 …………………………… 162
DCM
（デット・キャピタルマーケット部） …… 61
EBITDA ……………………… 142, 144
ERM（欧州為替相場メカニズム） …… 116
EV …………………………………… 207
IB（投資銀行） …………………… 67
IG …………………………………… 25
ISDAマスターアグリーメント …… 98
JCR（日本格付研究所） …………… 74
MBO ……………………………… 191
NOMURA-BPI ……………………… 112
PV（現在価値） …………………… 43
R&I（格付投資情報センター） …… 74
RMBS（住宅ローン担保証券） …… 32
SB（普通社債） …………………… 16
SSG ………………………………… 192
S&P
（スタンダード・アンド・プアーズ） … 74, 76
TLAC債 …………………………… 163

## 【あ】

アイフル ………………… 15, 181〜190
イールドカーブ（利回り曲線） ……… 39
一般事業債 …………………… 16, 17
一般担保条項 ………………… 87〜88
一般担保付社債 …………………… 17
インカムゲイン …………………… 104
インサイダー情報 ………………… 67
インデックス ……………………… 183
売上債権 ………………………… 146
売掛金 …………………………… 145
営業損失 ………………………… 152
エルピーダメモリ ………… 195〜199
縁故債 …………………………… 33
エンタープライズバリュー（EV） … 207
オリンパス ………………… 172〜175

## 【か】

海外クレジットリスク …………… 169
買掛金 …………………………… 145
会社更生法 ……………… 80〜82, 203
価格感応度 ……………………… 53
格付 ………………………… 25, 73〜79
　── 会社 ……………………… 74
　短期 ── ……………………… 76
　長期 ── ………………… 76, 161
額面金額 ………………………… 4
過払金 …………………………… 183
株式 ……………………………… 10
　── 投資 ……………………… 104
管財人 ………… 197〜198, 204〜206
間接金融 ………………………… 8
元利金支払場所 ………………… 3

機関債 ……………………………………… 32
期間損益 …………………………………… 150
企業間信用 ………………………………… 148
期限付劣後債 ……………………… 22, 138
期限の利益の喪失 ……… 83〜84, 86
逆イールド ………………………………… 40
キャッシュフロー分析 ……… 141〜142
キャピタルゲイン ……………………… 104
求償権 ……………………………………… 93
共同主幹事 ……………………………… 62
共同発行地方債 ………………………… 33
居住者 ……………………………………… 19
銀行社債 ………………………… 16, 17
金利 ………………………………………… 36
クーポン …………………………………… 36
クリアストリーム ……………………… 20
クレジット・デフォルト・スワップ
（CDS）……… 93, 178〜180, 186〜187
クレジットスプレッド ………………… 70
クレジットリンク債 …………… 97〜98
継続企業の前提 ………………………… 157
減価償却 ………………… 142〜143, 150
現在価値（PV）………………………… 43
公社債 ……………………………………… 2
公募 ………………………………………… 19
コールオプション ……………………… 27
コール条項 ………………………………… 21
コール日 ……………………………… 21〜23
国債 ………………………………………… 31
固定利付債 ……………………………… 20
コバレントマテリアル
 ……………… 181〜182, 191〜194

## 【さ】

債券 ………………………………………… 2
債券インデックス ……………… 111〜112
債権者 ……………………………………… 3
債権者集会 ……………………………… 200
債券の保全その他の社債の管理 ‥ 65
財政投融資 ……………………………… 31
財投機関債 ……………………………… 31
債務者 ……………………………………… 3
債務超過 ………………………………… 153
債務不履行 ……………………………… 83
債務保証 ………………………………… 92
サムライ債 ……………………………… 19
参照組織 ………………………………… 95
仕入債務 ………………………………… 146
事業法人部 ……………………………… 61
資金繰り ………………………………… 141
市場分断仮説 …………………………… 42
シニア債 ………………………………… 162
私募 ………………………………………… 19
社債 ………………………………………… 2
 ―― 管理者 …………………………… 64
社債権者集会 ……… 89〜90, 210〜214
社長 ………………………………………… 79
ジャンク債 ……………………………… 25
住専（住宅金融専門会社）……… 134
主幹事 …………………………………… 62
順イールド ……………………………… 40
純粋期待仮説 …………………………… 40
償還差益 ………………………………… 4
償還差損 ………………………………… 4
償還日 …………………………………… 4
新株予約権（コールオプション）……… 27

| | |
|---|---|
| シンジケーション | 63 |
| シンセティックCDO | |
| （合成債務担保証券） | 186～188 |
| 信用リスク | 5, 6, 141 |
| 信用力 | 4 |
| スタンダード・アンド・プアーズ | |
| （S&P） | 74, 76 |
| スプレッド | 28 |
| スワップ取引 | 29 |
| 政府保証債 | 31 |
| セカンダリーマーケット | |
| （流通市場） | 73 |

### 【た】

| | |
|---|---|
| タイトニング | 73 |
| 代表取締役 | 79 |
| 武富士 | 15, 183～185 |
| 担保付 | 17, 91, 203 |
| 単利 | 37 |
| 地方債 | 33, 34～35 |
| 長期格付 | 77, 161 |
| 直接金融 | 8 |
| ディストレス | 26～27 |
| 定額法 | 150 |
| 定時償還債 | 33 |
| 定率法 | 151 |
| テクニカルデフォルト | 83 |
| デット・キャピタルマーケット部 | 61 |
| デフォルト | 83, 85 |
| デュレーション | 52, 56～59 |
| 転換社債 | 26, 130 |
| 転換社債型新株予約権付社債 | 26 |
| 転換請求期間 | 26 |
| 電力債 | 16, 17 |

| | |
|---|---|
| 投機的等級 | 25 |
| 倒産 | 79, 85, 108, 200 |
| 投資家 | 2 |
| 投資銀行（IB） | 67 |
| 投資適格 | 74～75, 118 |
| 投資不適格 | 74～75 |
| 特別清算 | 80 |
| 特別損失 | 152 |
| トップ・レフト | 62 |
| トラックレコード | 126 |

### 【な】

| | |
|---|---|
| 日産生命 | 135 |
| 日本航空 | 176～180 |
| 任意整理 | 80 |
| ネガティブキャリー | 180 |
| のれん代 | 150 |

### 【は】

| | |
|---|---|
| バイ・アンド・ホールド | |
| （原則満期保有） | 6, 112 |
| ハイイールド | 25, 119 |
| 破産 | 80 |
| 発行価格 | 4, 18 |
| 発行体 | 2 |
| パッシブ運用 | 112 |
| バンカー | 61, 68 |
| 引受部門 | 61 |
| 非居住者 | 19 |
| 表面利率 | 36 |
| フィッチ | 74 |
| 複利 | 37 |
| 負債性資本商品（ハイブリッド債） | 162 |
| 普通社債（ストレートボンド:SB） | 16 |

プライマリーマーケット
　（発行市場） ………………………… 70
プレミアム ………………………… 93
フローター ………………………… 21
プロップトレーディング …………… 192
プロテクション ……………… 93, 97
ベイクオフ ………………………… 62
米国市場 …………………………… 19
ベイルイン ………………………… 167
ヘッジファンド …… 113, 116〜117, 129
弁済順位 …………………… 11, 17, 108
弁済の受領 ………………………… 65
変動利付債 ………………………… 21
法的整理 …………………………… 80
ポートフォリオ …………………… 123

【ま】

マートンモデル …………………… 153
マッピング ………………………… 77
満期 ………………………………… 4
満期一括償還 ……………………… 21
民事再生法 ……………………… 80〜82
ムーディーズ ……………………… 74
無担保 ……………………… 17, 91, 203
メインバンク …………………… 8, 9
メザニン …………………………… 112
モニタリング ……………………… 106

【や】

有価証券 …………………………… 2
融資 ………………………………… 7
優先債 ……………………… 18, 162
ユーロ円債 ………………………… 20
ユーロクリア ……………………… 20

ユーロ債 …………………………… 20
ユーロ市場 ………………………… 19
ユーロドル債 ……………………… 20

【ら】

ライブドア事件 …………………… 173
リーマンブラザーズ ……………… 166
利子 ………………………………… 36
リスクアセット …………………… 23
リスケジュール、リスケ ………… 189
リパッケージ転換社債（CBリパ）… 27
リファイナンス …………………… 190
利払日 ……………………………… 4
利回り ……………………………… 36
利回り曲線（イールドカーブ） …… 39
流動性 ……………………………… 5
流動性プレミアム ………… 71, 111
流動性プレミアム仮説 …………… 42
利率 ………………………………… 4
リレーションシップ・マネージャー
　（RM） …………………………… 61
レーティングアクション ………… 161
劣後債 ……………………… 18, 86
ロスカット ………………………… 128

【わ】

ワイドニング ……………………… 73
ワリコー …………………………… 20
ワリサイ …………………………… 20
ワリチョー ………………………… 20
ワリトー …………………………… 20
割引債 ……………………………… 20

［著者］
**土屋剛俊**（つちや・たけとし）

みずほ証券金融市場本部シニアエグゼクティブ。1985年一橋大学経済学部卒、石川島播磨重工業入社。87年野村證券に入社し、野村バンクインターナショナル（英国ロンドン）、業務審査部（現リスクマネジメント部）を経て、野村インターナショナル（香港）にてアジア・パシフィックの非日系リスク管理部門を統括。97年チェース・マンハッタン銀行東京支店審査部長。2000年よりチェース証券調査部長。01年より野村證券金融市場本部チーフクレジットアナリスト。05年より野村キャピタル・インベストメント審査部長。07年よりバークレイズ証券ディレクター。13年11月より現職。明治大学非常勤講師（99～01年）。CFA協会認定証券アナリスト、日本証券アナリスト協会検定会員。著書に『財投機関債投資ハンドブック』（金融財政事情研究会）、『新版 デリバティブ信用リスクの管理』（シグマベイスキャピタル）、『日本のソブリンリスク』（共著、東洋経済新報社）。

---

## 入門　社債のすべて——発行プロセスから分析・投資手法と倒産時の対応まで

2017年3月24日　第1刷発行
2024年4月16日　第3刷発行

著　者——土屋剛俊
発行所——ダイヤモンド社
　　　　〒150-8409　東京都渋谷区神宮前6-12-17
　　　　https://www.diamond.co.jp/
　　　　電話／03･5778･7233（編集）　03･5778･7240（販売）

ブックデザイン——小口翔平・三森健太(tobufune)
図表作成————うちきば がんた
DTP—————桜井 淳
校正—————聚珍社、加藤義廣(小柳商店)
製作進行————ダイヤモンド・グラフィック社
印刷—————堀内印刷所(本文)・新藤慶昌堂(カバー)
製本—————加藤製本
編集担当————柴田むつみ

---

©2017 Taketoshi Tsuchiya
ISBN 978-4-478-10167-4

落丁・乱丁本はお手数ですが小社営業局宛にお送りください。送料小社負担にてお取替えいたします。但し、古書店で購入されたものについてはお取替えできません。
無断転載・複製を禁ず
Printed in Japan